夢境以北

失敗主義者手記

敬文東 ——

著

獻給鍾鳴和韓少功

目　次

一、我們的睡眠，我們的失敗

　　「勞動一日，可得一夜的安眠；勤勞一生，可得幸福的長眠。」達・芬奇（Da Vinci）讚美的是勞動，更是勞動、睡眠和幸福之間的親緣關係。但他最想稱頌的，或許是將上述三者連在一起的曲線、時間和隧道，尤其是那條不斷延宕、朝六個方位升騰的曲線，不可能是野心、陰謀、詭詐、最大的人生利潤，更何況假借勞動才機緣巧合帶來的榮譽金字塔呢？按照巴羅克（Baroque）主義者的美學立場和倫理學觀點，直線「一根腸子通屁眼」[1]的率真特性，簡直等同於罪惡，因為它太赤裸、太露骨，約等於初次見面就貿然求歡。達・芬奇，那個被好奇心控制，隨時準備冒險解剖屍體，以求弄清人體結構、不讓畫筆犯下透視錯誤的傑出人物，非常瞭解勞動的性格和品質，洞悉勞動、睡眠和幸福間的親緣關係。依神學大師德爾圖良（Tertullianus）不無輕蔑性的看法，勞動，尤其是被早期賢哲輕視的體力活與手藝活，「總要比馬戲場、劇場和各種競技場中的活動更為高尚。」[2]因此，達・芬奇，那本辛勤勞作的百科全書，才願意賦予勞動、睡眠以溫婉的質地。

　　但是，除了華夏民人傳說中的「小國寡民」階段（我稱之

---

[1]　蜀語，意為太直率、太口無遮攔。
[2]　德爾圖良：《護教篇》，塗世華譯，上海三聯書店，2007年，第151頁。

為陰的世界而不是陽的世界）[3]，以及古希臘人心目中醇厚、
恬靜的「黃金時代」（Golden Times），巴爾紮克（Honoré de
Balzac）筆下的拉斯蒂涅發出的戰鬥宣言——「現在咱們倆來
拼一拼吧」（A nous deux，maintenant!）[4]——卻無疑是一切時
代最真實的人生廣告術語，最嘹亮的號角，最催人「無利不起
早」的鼓點，也是描寫人之野心最簡潔、最筆挺的「元語言」
（metalinguistic），就像有人說過的，我們押的是每一個閃念，
但每一次的賭注，卻是整整一輩子。自此，被踐踏、被異化的
勞動，成為我們生命中最晦暗、最黏稠的部分，迅速構成了「拼
命」的基本要素、爭取人生「從勝利走向更大勝利」的堅實底
座，何況德國社會學家尼克勞斯・桑巴特（Nicolaus Sombart）
早就從歐洲現實生活的正面戰場上，以四兩撥千斤的輕鬆招式優
雅地保證過：人生「對每一個有進取心的年輕人提出的挑戰，
極其簡潔地表現在這幾個字中」[5]。但那個過分迷戀巴黎的花花
公子，厭惡德國的德國佬顯然忘記了，「現在咱們倆來拼一拼
吧」，也是法國結構主義者眼中最簡潔、最經濟、最筆直的人生
句式，主、謂、賓齊全，定、狀、補暗含，何況額外還有一個
買一送一的感歎詞，為它增添了必不可少的曲線；何況浪漫、
頹廢的巴黎，還是這條蜿蜒起伏的曲線自我繁殖和隱藏自身的
首都，但它也是結構主義者羅蘭・巴爾特（Roland Barthes）、

---

[3]　「陽的世界」指大一統帝國籠罩下的現實世界，「陰的世界」指「小國寡民」的初
　　級社會（參閱敬文東：《牲人盈天下——中國文化的精神分析》，未刊，2009年，
　　此書於2011年由廣西師範大學出版社出版——2014年11月28日補記。敬文東。）。
[4]　巴爾扎克語，參閱尼克勞斯・桑巴特（Nicolaus Sombart）：《巴黎的學習歲
　　月》，洪天富譯，南京大學出版社，2010年，第28頁。
[5]　尼克勞斯・桑巴特：《巴黎的學習歲月》，前揭，第29頁。

列維－斯特勞斯（Claude Levi-Strauss）和蜜雪兒‧福柯（Michel Foucault）等人的拿撒勒（Nazareth）──上帝之子的誕生地。

　　自此以後，拉斯蒂涅，那個被捏造出來的人物發出的戰鬥誓言，才無時無刻不敲擊每時每刻都生活在「社會垃圾堆上的人」[6]的卑微靈魂。它讓我們心醉神迷，令我們神情亢奮，鼓勵我們盯著裸體骨頭的雙眼持續放電⋯⋯總之，它的品貌、氣質、乳房、四肢和腰身，都同結構主義者樂於將人生看作一個長句的做法，吻合到了天衣無縫的程度。但結構主義者的長句人生觀，還是過早暴露出它的宿命論嘴臉：黑格爾宣稱凡存在即合理；自稱厭惡黑格爾、嫌棄形而上學的結構主義，卻主動找出了「合理」「存在」的結構性機制，還為那句人盡皆知的名言，給出了動力學維度上的繁複論證。同黑格爾老套、刻板的德意志面孔相比，結構主義徐娘半老卻又風韻猶存的「三仙姑」做法意味著：我們的人生樣態只能如此、只得如此，奴隸永遠是奴隸，老婆永遠是命中註定的那一個，宛若死亡只願意同它自己相像。長有一張法國面孔的結構主義試圖表明：它一直都是「修飾我們敘述的宿命論公式」──宛若愛德華‧薩義德（Edward W. Said）針對某種令人厭惡的現實境況抱怨過的那樣。而結構，它當真是奇格弗里德‧吉迪翁斷言的，始終「扮演著無意識的角色」，總是傾心於「專制性的形式世界」嗎[7]？頗具反諷意味的是，幾乎所有結構主義者都選擇性地忘記了其論敵──布羅代爾（Fernand

---

[6] 博‧赫拉巴爾（Bohumil Hrabal）：《巴比代爾》，楊樂雲等譯，中國青年出版社，2004年，第6頁。

[7] 參閱本雅明（Walter Benjamin）：《巴黎，十九世紀的首都》，劉北城譯，上海人民出版社，2006年，第5頁。

Braudel）——的警告和奚落。當然，在布羅代爾所屬的「年鑑學派」（Annales School）諸君子看來，布氏鏗鏘有力、作風霸道的言辭，首先是奚落，其次才是警告：「所有的結構都同時既是歷史的基礎又是歷史的障礙」[8]。但這等含沙射影、指桑罵槐之辭，遠不足以打擊結構主義者自信滿滿的方法論腎臟，因為在他醉醺醺的高潮時分或癲狂時刻，最想要的，就是結構內部的「吊詭」特性。他也樂於宣稱：結構內部左腳給右腳下絆子、右手扇向左臉的喜劇情景，昭示了人生的自相矛盾；有且只有結構內部的「吊詭」特性，才能讓結構主義者在綿遠、悠長、密不透風的語言空間中，重新安排、設置、規劃和重組我們矛盾透頂的人生與生活。或許，這才是結構主義之於我們的唯一真實性，因為它像前東德（民主德國）一樣，總是傾向於建設一種「沒有心臟的軀幹國家」[9]，亦即腦子停擺，陽具挺拔，而且陽具將不受腦袋指揮和支配。

結構主義恐龍級別的反對者，定居巴黎、並早於布羅代爾實施反擊的著名獨眼龍，讓－保爾·薩特（Jean-Paul Sartre），在巴黎某個著名的街角蹙著額頭說過，在法語中，「黑」這個字眼的詞根並不是「黑的」。當然，也不一定非得是白的、紅的或妖言惑眾的其他色澤，只要不是「黑的」就行，只要不違反法語的構詞原則就算過關。與此相反，小人社會卻坐擁跟它的字義、語義完全吻合的詞根。小人社會嘛，就像它的字面意思公開昭示

---

[8] 費爾南·布羅代爾：《論歷史》，劉北成等譯，北京大學出版社，2008年，第34頁。
[9] 尼克勞斯·桑巴特：《巴黎的學習歲月》，前揭，第6頁。

的那樣，總是板著撲克牌中的國王臉、王后臉或小丑臉，致力於
阻礙每一個人接近他高尚、正派的願望，破壞和侵蝕高貴願望之
達成的「波莉安娜假設」（Pollyanna Hypothesis），促成和呼喚
小人社會的黑暗伎倆，以便完成對它自身的建設。畢竟人犯下的
所有「罪惡」（evil），車轉身看，正好是為了艱難地「活著」
（live）；「現在咱們倆來拼一拼吧」，則以模糊手段和目的之
間任何形式的正比關係為籌碼，呼應了小人社會的目的、心性與
手段，也為結構主義者信心爆棚，平添了底氣與籌碼──因為再
長的句子，也會迎來一個命中註定的時刻，並指向最大的人生
利益和榮譽金字塔。儘管拉斯蒂涅跟他的紙上同胞──司湯達
（Stendhal）虛構的于連──命運大致相仿，並沒有在小人社會
或陽的世界獵取成功，但這種情況也許更能說明問題。「一般」
嘛，總是願意饒有興致地將自己建立在「例外」的屍體或廢墟
之上。就像渾身上下遍佈宿命論基因的結構主義者暗中贊同的那
樣，在人能夠迎頭撞上的幾乎每一個時代，成功都是值得追求和
豔羨的，失敗卻不可能得到起碼的原諒和同情，何況失敗的整體
中某些細小的組成部分，那些微不足道的散碎銀子，還是某些
「毬不囉嗦之人」[10]主動自找的呢。而那些活了大半輩子，卻自
覺「沒能為祖國、為人民做點什麼，每思及此，都傷心欲絕」[11]
的陽痿、搞笑分子，確實值得強人或成功人士加以唾棄，並包裹
在象聲詞「呸」組成的語義空間中。但在過於精明的結構主義和

---

[10] 蜀語，此處意為沒有追求的人。
[11] 參閱佚名：《2010年最新搞笑語句》http://tieba.baidu.com/f?kz=736951908，2010
年11月11日訪問。

它的被掌控者看來,這一切,絲毫不影響失敗和成功都為同一個句子所操控的實際情形,包括失敗和成功認領的誇張容顏、陰沈心跳,還有它們因亢奮或怨恨慘遭扭曲的主動脈。毬不囉嗦之人敗於結構主義者的長句人生觀,是「合該如此」的事情——畢竟「存在即合理」的微言大義,早已得到了動力學維度上的精彩論證與繁複分析。

就像多災多難的巴勒斯坦人總是習慣於苦中作樂般,將「樂觀的」(mutafa'il)跟「悲觀的」(mutasha'im)爆炒、生煎為「樂悲觀的」(mutasha'il)[12],我們的生活,總是傾向於「樂悲觀」的「辯證」(?)特性,極具令人哭笑不得、欲哭無淚的「悲喜劇」(!)效應。那是一個不得不主動打翻自己的五味瓶,一把必須被我們頂在頭上的達摩克利斯之劍(The Sword of Damocles)。精研人類「恐怖史」的保羅・紐曼(Paul Newman)斷言過:由於無邊無際的原始恐懼,「人類說出的第一個詞很可能是否定的。」[13]他悲觀透頂、拒絕給人希望的看法與觀點,和浪漫主義者盧梭充滿激情的語言起源論大異其趣。但很可能是紐曼斷言過的宿命性,才暗中導致了我們極具「樂悲觀」特性的生活,促成了我們必須認領的「悲喜劇」效應。對此,英國佬杜林(R. Dooling)提供的解決方案,只能被認作最無可奈何、也最為破罐破摔的解救之道。他很幽默地說,由於男子漢大丈夫在小人社會(或陽的世界)不好意思當眾大哭,所

---

[12] 參閱愛德華・W. 薩義德:《最後的天空之後》,金玥珏譯,新星出版社,2009年,第25頁。

[13] 保羅・紐曼:《恐怖:起源、發展和演變》,趙康等譯,上海人民出版社,2005年,第25頁。

以，當他們面對逃跑、哭泣或戰鬥等多項選擇時，咒罵就不失為一種簡便的「折中方式」[14]。問題是：女人是否可以依靠隨便大哭的特權，去扭轉和塗改她們的「樂悲觀」特性，去罷黜和打擊她們的「悲喜劇」效應？在火爆、囂張的陽的世界，是否當真存在一種女性主義的「悲喜劇」效應和「樂悲觀」特性？事實上，當黃帝追求垂裳而治的「華胥之夢」永久性結束後[15]，與白天匆促、激昂的直立行走相比，與作為「折中方式」的「咒罵」相較，或許睡眠才是最值得追求的人生狀態，也最適合失敗者回憶。而失敗者，不多不少，正是勒內・於熱（Reńe Huyghe）所謂「注重衰敗中出現的新東西」[16]的那個特殊人種。在按照某種特定比例微縮而成的進化樹上，失敗者只佔據某個令人難以窺測的位置，宛若勢利的地圖上，某個微不足道的小黑點。和大人物、成功人士、皇帝、土皇帝以及山大王們火爆腰花般的珠穆朗瑪峰相比，失敗者的小山包只能是地圖上毬不囉嗦的小黑點。而按照太陽的運轉節奏白天工作、夜晚睡覺，實在談不上人類最大的現實主義，這情形，恰如費爾南多・佩索阿（Fernando Pessoa）在他心愛的里斯本說過的：「我想要睡意臨近之感，這種睡眠是生活的期許而不是生活的休息。」[17]對此，古希臘的第一個個體詩人赫西俄德（Hesiod）提前給出了緣由：「黑夜屬於

[14] R. Dooling, *Blue Streak: Swearing, Free Speech and Sexual Harassment*, Random House, 1996, pp8.
[15] 參閱《列子・黃帝》。
[16] 勒內・於熱：《畫家學派的詩人》，波德賴爾（Charles Pierre Baudelaire）：《我看德拉克羅瓦》，毛燕燕等譯，山東畫報出版社，2005年，第5頁。
[17] 費爾南多・佩索阿：《惶然錄》，韓少功譯，上海文藝出版社，2008年，第20頁。

快樂的神靈。」[18]華茲華斯（William Wordsworth）也彷彿繼往開來一樣說：「甜美的夜晚，安然、隨意／這神聖的時刻靜如修女……」[19]問題是，睡眠，廣闊、迷人、幕天席地的睡眠，從來不是以萍水相逢的方式同我們相識，它更願意和我們一起出生、一起成長，宛若「快樂的神靈」要求它做到的那樣。

在20世紀中葉稍微靠後一點的巴黎，修辭大師羅蘭・巴爾特報導了一個驚人的消息：「修辭學在消亡……逐漸喪失了偉大的思想威信。」[20]但這種令人沮喪的境況，不值得修辭學的反對者興奮，也不值得它的膜拜者提心吊膽、滿腹愁苦與哀怨，因為即便是低於地平線和海岸線的修辭學，依然會在它低矮和並不寬敞的領地內樂於承認：不是人的身體，而是身體的休眠狀態，才從最根本的角度上屬於我們，允許因過度奔波而疲憊不堪的毵不囉嗦之人，暫時放棄「拼一拼」的打算、計畫、謀略和各式機心，何況睡眠從來不曾欺騙過我們——因為即便「矯稱伯夷之人，夢中必露盜蹠本色，言乎其不能假也」[21]。睡眠和夢境一以貫之的誠實品格值得讚揚和激賞；而被君子和拉斯蒂涅們共同把持的陽的世界（而不是陰的世界），卻總是在唆使「晝偽遏敝，夜吐真情」[22]的事例不斷發生與輪迴。歸根到底，沒有被修辭學染指的宇宙，不僅不值得一過，壓根兒就不該存活——我們的修辭學終

[18] 赫西俄德：《工作與時日・神譜》，張竹明等譯，商務印書館，1991年，第22頁。
[19] 參閱克林斯・布魯克斯（Cleanth Brooks）：《精緻的甕》，郭乙瑤等譯，上海人民出版社，2008年，第6頁。
[20] 羅蘭・巴爾特：《羅蘭・巴爾特文集》，李幼蒸譯，中國人民大學出版社，2008年，第45頁。
[21] 清・王仕雲：《出象評點〈水滸傳〉》七十回總評。
[22] 清・潘德興：《驅夢賦》。

歸是樂觀和長壽的，至少超過了結構主義的壽命，更不用說曇花一現的結構主義者。雖然那僅僅是純粹語言學意義上的喜形於色或暗自慶倖，並不能為人生內部的自相矛盾提供語義學上的任何解釋，但足以讓我們過於活躍的心跳得到安慰，獲取從容、平靜、安寧與和樂。因此，面對寒冷、凜冽的現實，面對一眼望不到盡頭的小人社會，聰明過人卻鬱鬱不得志的曹植，才更願意嚮往睡眠的甜美境界，寧願向黑漆漆的夜間君主折腰致敬。在睡眠過於寬敞的邊緣地帶，陳思王酸溜溜地抱怨：「丹誠之至願，不離於夢想者也。」[23]要知道，曹植這話，可是說給他當皇帝的哥哥聽的，目的是帝位角逐遊戲失敗後，誠心服輸，以求保全小命。這情形，頗有些類似於《聖經》之所說：「因為血有生命，所以能贖罪。」[24]和血在西方的神學用途以及它的貨幣身分、購買力看起來非常相似，睡眠和夢想也能保全或贖回一個破落中國王子的身家性命。十分幸運的是，無需刻意尋找，睡眠已經自動來到了我們身上，樂意為我們黃袍加身或黑紗罩臉。沒有必要懷疑，睡眠是深不可測的神安置在我們體內一根看不見的引線，最初很長，接著逐次遞減，直到在某些極端的時刻，沒收了這根引線——俗稱失眠；當然，最終它會達到無限，把你拋入永不醒來的長眠狀態——是不是達・芬奇說的「幸福的長眠」，取決於你對勞動的態度，取決於你是不是拉斯蒂涅的變種，或于連的亞種。神的意志凡人無從窺察，但睡眠確實是對白天、小人社會和「拼一拼吧」進行否定與揚棄（Aufheben）的敏感裝置，是對夜

---

[23]　《三國志・曹植傳》。
[24]　《聖經・利未記》17：11。

晚實施頌揚的黑白廣場，對應於我們內心深處蕪雜的頹廢感、挫
敗感，還有取之不竭的絕望感——即使在睡眠中，笑聲也是可遇
不可求的，曹植酸溜溜的語調值得後人同情。但我們仍然有必要
感謝無所不能的造物主，因為他炮製的睡眠不僅誠實，還慷慨大
度，不像塵世中的金錢，總是被迫在吝嗇鬼的幫助和授意下，刻
意維護、建設和強化它的小人風度。

　　但先於這一切到來的，是對睡眠予以堅決支持的動作／行
為：身臥、眼閉，在心智周圍豎起暗褐色的籬笆或高牆，還額外
需要一道寬闊、深邃的護城河予以加固，以便身心處於相對安
靜和穩定的休眠狀態。動作／行為不僅是各種身體徵候的支持
者，也是所有心理況味和胸中塊壘的幕後推手，是一切人生狀態
的第一推動力，是看得見的上帝之手。令毬不囉嗦之人欣喜的
是，中國古代不少大經大典，都曾明確提到過這一點：「睡，
坐寐也，從目垂聲。」[25]和一「坐」下就「打瞌睡」的垃圾之
「睡」、道德不純之「睡」迥然有別，「寐」則「臥也，從夢
省，未聲」[26]、「寐，眛也。目閉神藏」[27]。在充滿稚氣和茂密
想像力的古典中國，「寐」才是真資格的「睡」、古典意義上的
「睡」，散發著古漢語帶來的甜美氣息、古人嗓子眼裡發出的
婉轉嚶嗚，經過數千年輾轉奔赴與萬里長征，最終，歷久彌新、
完好無缺地傳染給今天的「睡」。對此，埃茲拉・龐德（Ezra
Pound），一個純種的美國佬，顯然情有獨鍾：「中國顏色讓我

---

[25] 《說文解字》。
[26] 《說文解字》。
[27] 宋・毛晃：《增修互注禮部韻略》。

寧靜／我覺得玻璃是邪惡的。」（Rest me with Chinese colours, /
For I think the glass is evil.）龐德這樣說，很可能因為單音節的漢
語甜美得讓人心「碎」和心「醉」，而多音節的英語，卻更像
「維也納式的裝飾彩色玻璃，令人眼花繚亂，撲朔迷離，心神不
定」[28]。但無論是古典的「寐」，還是現代的「睡」，「臥」都
是必不可少的姿勢，蘊含著睡眠彰而不顯、保存至今的全部祕
密，卻在結構主義者的長句人生觀中，沒有獲得任何像樣的地
位。猶如「中」國「中」學的「中」年語文女教師一樣，結構主
義者用紙面上的「謂語」一詞，就把「臥」的肉身狀態與狀況，
給澈底打發了——也就是說，以肉身為根基的睡姿一下子從人間
蒸發，再也找不到像樣的蛛絲馬跡。但揭開「謂語」的幕帳後，
人們還是很容易發現：肉身狀態的「臥」，仍然是對白天和直立
行走的否定，是動作／行為上的返祖現象，也是對始基和出處的
公開嚮往與頌揚——「臥」從肉乎乎、濕漉漉的性感維度，支持
了睡眠中即將展開的一切行為。它是我們荒蕪內心最好的動作性
對稱物；而它一門心思想要對稱的，是我們對「黃金時代」和「小
國寡民」的懷念，是對「拼一拼吧」的無限矮小化。所以，多愁善
感、滿懷悲憫之心的契訶夫（Anton Chekhov）——我們身體和
靈魂的共同醫生——才深有感慨：「我到來世時，希望能夠回
顧一下我這一世的生活，說：『那是個美麗的夢呀……』」[29]智
慧、悲憫如契訶夫者，恐怕不至於忘記，「美麗的夢」取決於甜
美的睡眠，更取決於睡眠的甜美程度——它總是傾向於長翅膀的

[28]　P. Furbank, *Pound*, Open University Press, 1985, p.14.
[29]　契訶夫：《契訶夫手記》，賈植芳譯，浙江文藝出版社，1983年，第87頁。

睡眠充任自己的底座和根基。在另一處，契訶夫還說：「我做了這樣的夢：認為是現實的其實是夢，正像夢就是現實一樣。」[30]以契訶夫的仁慈和善良，他肯定知道：美夢不過是「臥」派生的珍貴植物，在忙於大口吞吐二氧化碳和氧氣；它僅僅是二手的人生收穫，是只具有第二性徵的精美禮物。雖然美夢與現實難分難解，在過於敏感的人（比如契訶夫）那裡還界限不明，雖然它從頭至尾都在依賴、順從和消費睡眠，但它繽紛的落葉，卻無疑滋養了睡眠，潤滑了培植睡眠的肉身狀態的「臥」，而不僅僅是「臥」的書面概念。

　　智顗，南朝時一位持有特殊睡眠觀的得道高僧，簡潔、準確地將睡眠在動作／行為上的先後順序一語道破。令人欣喜的是，他還別具慧眼地將心智活動跟睡眠死死綁在一起，比萬里之外、千年之後的結構主義者高明得多：「心昏闇名為睡；五情闇蔽、放恣支（肢）節、委臥睡熟為眠。」[31]瞧瞧，表面上簡單至極、不值一提的睡眠，在深不可測的哲人眼裡，該有多麼複雜的動作程式，該涉及多麼精微的靈魂波動，又豈只一個主謂賓、定狀補齊備的長句能夠總結和概括。那位高僧出人意料，又合於佛理地將「寐」分解為「睡」與「眠」兩個層次，讓它們分屬不同的靈魂部門或心靈機構（即「心」與「情」），卻又要求它們同氣相求、相互聲援，在小人社會或陽的世界，共建古典性的「寐」——有如當下中國大陸的軍民「共建」某個街道、某個公廁或某所大學。令我們更加震驚的，還是智顗筆下能夠迅速達致睡眠境

30　契訶夫：《契訶夫手記》，前揭，第9頁。
31　南朝‧智顗：《休息止觀坐禪法要》卷上。

界的特殊姿勢。它酣暢、坦蕩、恬靜、隨意、令人迷戀：身體在
「心」「昏」、「情」「蔽」的狀態下，趁機擁有了自己的魏晉
風度。爾文・高夫曼（E. Goffman），大英帝國治下一位不太知
名的語言學家，將類似於魏晉風度的狀態，稱作「身體界線完整
性的崩潰」，還特意贈以「氾濫而出」（flooding out）的動作性
謚號[32]。植物啊，生性婉轉、安靜的植物！它肆無忌憚地揮霍了
睡眠，卻讓回憶和夢境自動呈現，曹植念想中「遠慕《鹿鳴》君
臣之宴，中詠《常棣》匪他之誠，下思《伐木》友生之義，終懷
《蓼莪》罔極之哀」[33]的甜美境界──典型的「中國顏色」──
頃刻間，就輕而易舉地化為了現實。但「輕而易舉」和僅存於漢
語空間的「頃刻間」，仍然要遠遠大於結構主義者的長句人生
觀，也比它更隱晦、更多歧義、更多變體和亞種，雖然從表面上
看，它好像是清晰的、筆直的和挺拔的。很顯然，身體的魏晉風
度才是睡眠的首要條件，它否定了白天和直立行走；或者，白天
和直立行走被罷黜、被掃蕩，才是身體的魏晉風度能夠存在的唯
一前提，才是對夜晚實施頌揚的黑白廣場得以誕生的唯一源頭，
「臥」是其中最醒目的部分，是被魏晉風度、「身體界線完整性
的崩潰」和「氾濫而出」刻意推薦和保舉的重點對象，是組成睡
眠的所有動作中，唯一的首領或A角，但又絕對不是小人社會貪
婪的獨裁者──人類之「臥」從古及今，從未有過這等動詞狀態
的小心思，那雙時刻眨巴著精於算計的三角眼。

　　魏晉風度的慷慨和仁慈實在令我們感動：無論睡眠中人擁

---

[32]　E. Goffman, *Forms of Talk*, Oxford University Press, 1981, pp123.
[33]　《三國志・曹植傳》。

有何種白天定義下的身分、姿態與面容，都慷慨大度地給了他們道家或玄學的面孔。「越名教而任自然」，是魏晉風度對他們的基本要求，否則，就配不上睡眠暗含的人生狀態，更說不上回憶與嚮往；「竹林七賢」僅僅是深受魏晉風度歡迎的普通人，不普通的，是那些失眠者，夜不能寐者，挑燈夜戰者，還有半夜紅著眼睛瞄準北斗星的傢伙——他們都是成功分子或成功分子的候選人。而神祕莫測、機關算盡、智慧難以被後人企及的老子，站在李樹下的人，是不是經過對睡眠的細緻觀察，才最終悟「道」的呢？不能幼稚地把周王朝國家圖書館館長的智商與眼力，僅僅局限於對水、月亮和女人下體的觀察上，畢竟睡眠才是離他更近、更便於他思索的事物或風景。面對欲望大起義的小人社會、陽的世界、身體的各省紛紛叛變的白晝，高僧智顗根本不屑於回答下述問題：有沒有一種不受打擾的、整體性的睡眠存在？但這樣的說法究竟是什麼意思？我們還想貪得無厭地向睡眠索取什麼呢？智顗在關鍵部位上的長久沉默，或許在暗示我們：在黑黢黢的小人社會，在碩大無朋的陽的世界，所謂整體性的睡眠，恰如花花公子桑巴特針對另外的變態情勢諷刺過的，僅僅是「一種想像、一種虛構、一種捏造、一種連續的即席之作、一種騙局和一種幌子」[34]，因為陽的世界總是傾向於、熱衷於打斷我們的睡眠。在夜間，連謠言、地震、洪水、沒有被成功管制住的響屁聲和泥石流……都在幫助小人社會破壞我們酣暢的睡姿。但這樣的局面，依然不足以妨礙身體的魏晉風度對其自身建設的力度。事實上，

---

[34] 尼克勞斯・桑巴特：《巴黎的學習歲月》，前揭，第285頁。

我們只需要真資格睡眠的一個切片就足夠了——對於習慣性失眠者，情形尤其如此。毫無疑問，有了睡眠，我們很可能就真的有了一切……

從象徵的層面或隱喻的角度觀察，睡眠意味著對生育、增值和喧鬧的堅決反對，對長句人生觀的無情嘲諷，也是對「每一塊土地上都站著一個精明的策劃師」[35]堅持不懈的否定。睡眠意味著夢境和雙倍人生的開始，意味著放棄戰鬥，罷黜拉斯蒂涅的「拼一拼吧」，意味著閹割鏡子的自我繁殖，以及鏡中那個陰沈沈、黑黲黲、渾身充血的自我；「臥」則不言而喻地意味著，處於睡眠狀態之中的人必須背對陽的世界，只將一個飽含蔑視神情的側面交付小人社會，交付身體的各省紛紛叛變的白晝，就像費爾南多·佩索阿熱情稱頌過的：「為了對抗作為一切事物基本元素的粗暴冷漠，神祕主義者發覺最好的辦法是捨棄。否定世界，轉身背向它，就像忽然發覺自己站在泥沼邊沿而轉背一樣。」[36]儘管不可能每個人都是神祕主義者，更不可能是否定「色界」中一切短暫受造物的佛教徒，但我們依然只有在睡眠中，而不是各類裝瘋賣傻的酒鬼自以為是的杯內乾坤中，才幸運地擁有這等特權，才有機會接管自己的超帝王尊嚴——「天子呼來不上船」的醉後狂態，僅僅在身體的魏晉風度認領的勢力範圍之內，才有可能化為現實。我們面對的真實情境，正是撒母耳·詹森（Samuel Johnson）博士早就斷言過的：「歡快和憂鬱都是心胸中孤獨、沉默的寄居者，不會接受也不會發出任何交流的資

[35] 鍾鳴：《塗鴉手記》，上海世紀出版集團，2009年，第214頁。
[36] 費爾南多·佩索阿：《不安之書》，陳實譯，湖南文藝出版社，2006年，第143頁。

訊……」[37]或許正因為如此，雅斯貝爾斯（Karl Jaspers）對人之「存在」的故作驚訝狀，才顯得格外有趣和可愛。他像個嚴謹的幾何學家一樣感歎唏噓：「每一個此在看起來本身都是圓的」（Jedes Dasein scheint in sich rund）[38]。雅氏對「存在」充滿敬意的形態學分析，很可能符合「存在」的固有秉性。事實上，身體的魏晉風度總是傾向於強調弧線，就像達‧芬奇稱頌過的；而身體的魏晉風度樂於承認、樂於追逐的「臥」，最多是個半圓，剛好是二分之一的「此在」（Dasein），卻不折不扣地構成了黑、白兩個世界之間的分隔符號，也造就了睡眠中人的地平線——但願身體的魏晉風度還不至於無聊到需要借重修辭學的「思想威信」。

　　儘管只有人才能認領與接管的「屍臥」（即平躺，就像屍體一樣）；儘管很可能真如某些睿智之人——比如我的朋友周曉楓女士——認為的那樣，「屍臥」意味著只有人類才沒有天敵，但筆挺的「屍臥」依然不會得到睡眠的真誠待見，因為它壓根兒不具備魏晉風度，也沒有配備任何弧線。「屍臥」一本正經的刻板神態，像極了面對蒙童、手握戒尺的私塾先生，僅僅是白天的對稱物，是沒有天敵的人類笑傲萬物的夜間版本，是直立行走的變態模型，也是「拼一拼吧」偽裝出來的休眠形式。儘管「屍臥」似乎也在致力於否定直立行走，但在它的骨殖深處和嗓子眼裡，在它的肛門管轄的領地，卻僅僅是直立行走的稍息狀態，至

---

[37] 布魯克斯：《精緻之甕》，前揭，第48頁。
[38] 參閱加斯東‧巴什拉（Gaston Bachelard）：《空間的詩學》，張逸婧譯，上海譯文出版社，2009年，第254頁。

少是直立行走的摹本和投影：「屍臥」僅僅是被扭曲了九十度的直立行走，是一個倒下去的「一」，或平躺著的「吾道『一』以貫之」[39]，是具有投機倒把性質的挺胸昂頭、健步如飛，是睡眠狀態下的「克己復禮」，是寬廣的夜晚中一小塊白天，只是不幸被廣闊的夜晚收編、吸納和招降——它在狹窄的、黑漆漆的小床上，也做好了隨時行軍、跑步、戰鬥和舉起投槍與匕首的準備。而巍峨、陰森、充滿機心的宮廷，為什麼不允許可憐的宮女仰面朝天而眠呢？據說，除了對王制之「禮」的悉心維護，還因為「宮廷裡的人都信神，傳說各殿都有殿神，一到夜裡全出來到各殿察看，保護著太后、皇上和各主子們」[40]。「屍臥」之義，當真是超凡脫俗或大凡大俗的「大矣哉」呀。但讓平躺的睡姿（即「屍臥」）備感難堪的是，連素來講「禮」的「至聖先師」也「寢不屍」，就像他老人家在掌握了永久性所有權（而不是七十年的所有權）的自家宅院裡，大大咧咧地「居不容」[41]。睡眠中的「至聖先師」，很可能才是他一生中最平易近人的時刻，因為只有在酣暢淋漓的睡眠中，他才有機會放棄造就聖人的種種正經、古怪的做法，主動認領動作／行為上的幽默感和魏晉風度，何況「臥」不僅促成了睡眠，還給聖人的身體，捎去了那麼多難以言傳的好處：「屈膝側臥，益人氣力，勝正偃臥。按孔子不屍臥，故曰睡不厭臥，覺不厭舒。」[42]瞧瞧，出於對舒適的追求，對夜晚和睡眠的私下回應，儒家聖人也樂於越過學派和時光的霧

---

[39]　《論語・里仁》。
[40]　瞿路：《紫禁城內宮女的生活秘史》，《報刊薈萃》2007年第5期。
[41]　《論語・鄉黨》。
[42]　唐・孫思邈：《千金要方・道林養性》

帳，向異教的道家與後起的玄學靠攏，願意身體力行地贊同佛子
（即智顗）描繪的酣暢睡姿——從睡眠，而不是從修辭學或令人
生厭的學理維度，我們或許更能輕鬆找到「三教歸一」的原因，
找到通向它的隱秘途徑。

　　追隨著茨維塔耶娃（Marina Tsvetaeva）所謂「在狗與狼之
間的時間」（entre chien et loup）[43]的到來而到來的，是滿帶霧氣
的睡眠，是配備了隱形翅膀的魏晉風度。那個陰霾的所在，那
個濕漉漉的地方，那個沒有星光只有呼吸的空間，才是失敗者
和毬不囉嗦之人的天堂；在那裡，所有的天使都赤身裸體、一
絲不掛……而造物主精心製造的睡眠，是一件「至大無外」、
「至小無內」的東西，值得把玩和琢磨的地方多了去了。但最
令人驚訝的，還是它埋藏於表面上的風平浪靜、心如止水和「夜
靜深山空」之下的「吊詭」特性，就像結構主義者公開宣稱的
那樣，在他們樂於稱道的結構內部，也埋藏著同樣性質的玩意
兒。但兩個「吊詭」還算不上堂兄弟，也攀不上親戚，不能共用
同一條血緣之河，雖然它們共頂同一個名號；或者，它們僅僅
是互相抵制對方、視對方為寇仇的「隔壁鄰居」——就像多嘴多
舌、仇人無數的誰誰誰或某某某說過的那樣？按照恩斯特‧馬
赫（Ernst Mach）的洞見，經由睡眠細心呵護與教誨，我們「心
理的眼界」在一個猝不及防的瞬間，就莫名其妙地「變得狹窄
了」[44]——幸好鬍子一貫豐碩的馬赫心地善良，也很明智，還沒

---

[43]　轉引自艾斯特哈茲‧彼得（Esterházy Péter）：《赫拉巴爾之書》，餘澤民譯，上
　　海人民出版社，2010年，第26頁。「在狗與狼之間的時間」意思是指「黃昏」。
[44]　馬赫：《感覺的分析》，洪謙等譯，商務印書館，1986年，第9頁

有說「心理的眼界」完全失明。否則，睡眠需要的魏晉風度、酣
暢的姿勢、滿是霧氣的潮濕和「吊詭」特性，根本落不到實處。
而在東方大哲莊子更為曲折、玄妙的心智中，「吊詭」無疑是
指語言內部的打架鬥毆行為[45]，有點類似於──僅僅是有點類似
於──埃利亞的芝諾（Zeno of Elea）在詭辯中炮製的「飛矢不
動」，都是些語言內部的傷風感冒、氣滯血瘀、神經錯亂和月經
失調，總之，一種習慣性的自我流產或自我流產的習慣性。在精
密通脫的希臘語和提倡中庸主義的古漢語內部，總是暗含著這等
自我較勁的語言現象。但那僅僅是語言的過錯，還是人生的真相
不過如此，進而逼迫語言在其內部不斷自我爭鬥，以致於讓它的
左手不停地扇向它的右臉？一位中國女詩人對此暗自神傷：「只
有風、河流、石頭是純潔的／只有它們與消失的名字對稱」[46]。
池凌雲有這等悲觀、傷感的言說，很可能因為小人社會（和陽的
世界）上其餘的東西都難逃汙穢、骯髒之嫌，又何況心機過剩的
人呢。考慮到人類善於推卸責任以求自我保全的本性和本能，語
言代替我們受難、受過和受到斥責，就是必然的結局──或許只
有在這一點上，結構主義的長句人生觀還沒有完全失察、失態和
令人失望。

　　儘管有身體的魏晉風度予以支持，「臥」也善解人意地替我
們明晰了黑、白兩個地球之間的界線，但睡眠內部的自我鬥毆發
出的呼吸聲、喘息聲和誘人心動的呻吟聲，還是能被我們完好地
把捉，這僅僅是因為最狹窄、最卑微的「心理的眼界」，也有它

---

[45]　《莊子・齊物論》。
[46]　池凌雲：《別的事物》，《池凌雲詩選》，長江文藝出版社，2009年，第193頁。

不容被抹掉的「視界」。這些急促的呼吸，這些達致臨界狀態的喘息，構成了我們全部人生經歷中的陰影部分，剛好同半個「此在」的語義大體相符：睡眠中仍有動作，那是虛擬的動作，它們集結在一起，構成了一個又一個虛幻的可能世界（The Possible Worlds）。睡眠讓我們看不見外部的小人社會和陽的世界，也讓表徵成功的生育和增值澈底安息，命令鏡子停止它亙古不變的反射能力，但身體的魏晉風度，卻讓我們能夠看清自身內部一切形式的可能世界——這就是睡眠適合回憶的確切含義。一位對於現代人來說十分陌生的唐朝小詩人，很可能真的深諳個中三昧：「旁人不知夢中事，惟見玉釵時墜枕」[47]。睡眠總是在致力於自我反對，以它虛擬的「動」，冒犯、抵抗和反對真實的「靜」：在睡眠侵佔、經略和控制的領地中，顛鸞倒鳳、顛三倒四的事情多著呢，又豈止區區一番溫存後，「玉釵」遺落「枕邊」那麼簡單和婉約。而蟄居、偏安於潛意識，暫時沒能進駐語言、頂多擁有幾個鬆鬆垮垮之偏旁部首的虛擬動作，總是在忙於彼此拆臺、相互否定、流淚、撒謊、向對方做鬼臉和吐舌頭的勾當，並在拳來腳往中扭成一團，卻又令人目瞪口呆地相互勾結，成為一個首尾相接、天衣無縫的統一體，最後，被睡眠織就的一襲袍衣遮掩與捕獲，就像歐陽江河所說：我們「一生中的散步被車站和機場覆蓋」[48]；也恰合吉爾・德勒茲（Gilles Deleuze）的睿智之言：我們的骨頭只是空間結構，我們的血肉才是最後時刻到來的覆蓋

---

[47] 唐・楊衡：《春夢》。
[48] 歐陽江河：《墨水瓶》，歐陽江河：《誰去誰留》，湖南文藝出版社，1997年，第45頁。

物[49]。因此，談論睡眠，除了談論它的「弔詭」特性，談論支持睡眠的動作／行為，首先意味著談論「覆蓋」。

有魏晉風度支持，有「臥」從旁聲援，在「臥」認領和默許的語義疆域中，睡眠，我們的睡眠，總是在盡其所能地覆蓋屬人的白晝，覆蓋白晝接管的一切徵候，讓我們迅速滑向狄德羅（Denis Diderot）所謂的「動物狀態」[50]，不願接受白天及其律令的支配與調教，直到最後，將自身擁有的全部和諧性「一夜千金散盡」——猶如詩人柏樺針對某種極端狀況的誇張、鋪排之辭，有歐陽江河所謂「針在痛中的速度」[51]。這境況，又宛若蘇格拉底（Socrates）的痛心疾首之言：「在人們睡眠時，靈魂的其餘部分，理性的、受過教化的、起控制作用的部分失去作用，而獸性的和野性的部分吃飽喝足之後卻活躍起來，並且力圖克服睡意沖出來以滿足自己的本性要求。你知道，在這種情況下，由於失去了一切羞恥之心和理性，人們就會沒有什麼壞事想不出來；就不怕夢中亂倫，或者和任何別的人，和男人和神和獸交媾，也就敢於起謀殺之心，想吃禁止的東西。總之，他們沒有什麼愚昧無恥的事情不敢做的了。」[52]但街頭哲學家，赤腳大仙——也就是那個以怕老婆聞名於世的蘇格拉底——描述與痛斥的地獄景觀，既是「臥」衷心支援、恭維的基本狀態，又會因睡眠的覆蓋功能得到妥善地遮掩。覆蓋功能為潛伏於人身上的動物行

---

[49] 德勒茲：《法蘭西斯科·培根：感覺的邏輯》，董強譯，廣西師大出版社，2007年，第28頁。
[50] 狄德羅：《狄德羅哲學選集》，江天驥等譯，商務印書館，1983年，第185頁。
[51] 歐陽江河：《柏樺詩歌中的道德承諾》，民刊《象罔》（柏樺專號，1991年，成都）。
[52] 柏拉圖：《理想國》，張竹明等譯，商務印書館，1986年，第353頁。

為，提供了可靠的保護傘；讓我們從一開始，就享有道德上的幾乎全部豁免權——「屍臥」刻意否定弧線的假正經癖性，它不受常人待見的習氣，也由此可見。但讓街頭哲學家，人類「氣管炎」歷史上最知名的人物倍感難堪的是，仰仗魏晉風度的聲援，睡眠確實為人類做出了不可磨滅的貢獻——佛洛德（Sigmund Freud）博士早就論證過，唯有夢或人的「動物狀態」，才是人類獲取身、心同時滿足的重要方式；或許，張載老夫子說得更妙：「從心莫如夢。」[53]而夢，總是樂於以睡眠為舞臺或土地，以酣暢的睡姿為前提、公理和讓人心悅誠服的假說。

作為身體的魏晉風度刻意突出的動作，作為支持睡眠的眾多動作的唯一首領，「臥」促成了睡眠，但更主要是促成了睡眠的覆蓋功能。和結構主義者不無狂妄的自以為是性質相仿，睡眠的「吊詭」特性剛好同專注、敬業、忠於自己信仰的睡姿恰相吻合；覆蓋功能呢，則非常敬業地保護了二分之一的「此在」。它是「側臥」的分隔符號、地平線之「所指」（signifié）在工具論意義上的完美體現，也是「側臥」之「所指」隱姓埋名、微服私訪的具體形式。覆蓋功能使睡眠至少從表面上，讓人覺得它是純粹而沒有噪音的事物，或事物的涅槃狀態，無論通往它的「線索是多麼遠，多麼鬆弛，多麼纖細」[54]——恰如結構主義者羅蘭・巴爾特在巴黎某個書房中的刻意誇張；但在覆蓋功能的聲援下，有分隔符號、地平線在工具論意義上進行嚴格保證，每一個擁有

---

[53] 宋・張載：《正蒙・三十篇》。
[54] 羅蘭・巴爾特語，參閱趙毅衡編選：《符號學文學論文集》，百花文藝出版社，2004年，第51頁。

睡眠能力的人，都有資格認領兩個性質迥異的地球作為自己的封地或采邑：一個是白天的，一個是晚上的；一個地球被白天照耀（即小人社會或陽的世界），另一個被夜晚覆蓋（即睡眠世界）。有倫理、法律、道德和各種腰身的意識形態保駕護航，白天必然擁有一張大眾品味十足的臉蛋，夜晚則各有其貌，時而青面獠牙，時而婀娜多姿，時而電閃雷鳴——這就是黑夜之於人的曼妙之處。雖然小人社會和睡眠世界看起來共用同一個社區，但它們終究住在不同的公寓或房間：前者是實體，後者是幻象，但又絕不只是實體可憐的陰影——儘管在有些時候，陰影確實比實體更為重要。從這個較為有趣，卻又毫無玄妙性徵的角度進行觀察，睡眠不偏不倚，剛好構成了廣義地理學一個十分重要的組成部分；無孔不入的夢境——或契訶夫稱頌過的「美夢」——則是這門特殊學問將要飛身接管的土地上，蓬勃生長著的各類植物。

　　面對昔勒尼（Cyrene）的艾拉托色尼（Eratosthenes）發明的「地理學」（geographica）一詞，鍾鳴毫不猶豫地斷定：它來源於希臘文中縱向聚合軸上的「ge」和「grapho」，意思是「地球」和「我寫」。接下來，鍾鳴頗富想像力地將「geographica」徑直理解為「關於地球的塗鴉和描述」[55]——真是精彩絕倫，跟艾拉托色尼的智慧與靈感恰相對仗。睡眠是人在「動物狀態」下、在「心理的眼界」變窄之後的另一個地球嗎？這個必須依靠身體的魏晉風度予以支持的幻影球體如此實在，讓人無從懷疑它的真實存活。廣義地理學如果略去對它的細心刻畫與揣摩，就是

---

[55]　鍾鳴：《塗鴉手記》，前揭，第10頁。

不值得信任的偽學問——「至人無夢」的高邁說教，至少有一部分目的，就是要在觀念中，摧毀這個球體，以免我們滑向和淪陷於赤腳大仙警告過的地獄景觀。而看起來詭異、詭秘的屍臥，是不是可以起到「馬後炮」和「事後諸葛亮」的彌補作用？它在黑暗中對「克己復禮」的不懈努力，究竟還算不算數？這是一個隔靴搔癢的倫理學懸案，卻至今沒有令人滿意的解答。頗具諷刺意味的是，蘇格拉底對睡眠的詆毀性描述，反倒是從側面聽從了廣義地理學的召喚。面對廣義地理學不可或缺的組成部分，古往今來，所有關於睡眠的言說和書寫，都結結實實構成了關於睡眠——這個夜間地球——的隨手塗鴉：「其寐也魂交」[56]；「晝則陰伏藏而陽用事，陽主動，故神運魄隨而為寤；夜則陽伏藏而陰用事，陰主靜，故魄定神蟄而為寐。」[57]……包括蘇格拉底在內的所有關於睡眠的言說，都極具夢幻和囈語質地，跟夜間地球上的風土人情、鳥獸草木恰相吻合。關於這種性狀和徵候的球體，還有它身上密匝匝的經緯線、等高線和本初子午線，當真會有科學上的言說嗎？對於它的任何貌似科學的描述，僅僅是貌似而已，不多不少，正好是羅蘭・巴爾特針對另一種荒謬情形斷定過的，最終，都會「出乎意外又在料想之中地把它常常棲身的那個空間毀掉了」[58]——佛洛德博士生前、身後獲取的毀譽參半的評價，坐實了這個結論。同白晝的地球相比，在「臥」的幫襯下，我們的睡眠——即另一個地球——無疑更潮濕，也更具溫度，有

---

[56] 《莊子・齊物論》。
[57] 宋・陳淳：《北溪大全集・寤寐動靜》。
[58] 羅蘭・巴爾特：《符號帝國》，孫乃修譯，商務印書館，1996年，第68頁。

足夠多的熱量和水分，供養那些特殊植物的生長與發育。這樣的植物，總是在籲請睡眠的主人進行自我放縱，籲請主人把「氣管炎」大師描繪的情景不斷延展下去。睡眠知道，只有放縱，才是水分和熱量的唯一來源，才是夜間地球免於死寂與冰河期的唯一方式，何況它還得到了魏晉風度及其動作／行為的大力支持，何況它存活的主要目的，本來就是要善意地幫助我們擁有否定小人社會的能力與機會。

　　試想一下，還有哪些人間的事物，能比夜間地球上生長的植物更具寫意特性呢？事實上，只有在睡眠中才會出現的寫意特性，在它醉醺醺的恍惚、巔峰和癲狂時刻，在它表面上的不真實中，卻出人意料地塑造了另一種全新的真實，急需某種奇特的解釋學或占卜術拍馬前來發掘它的涵義，因為寫意在乎的，向來是事物的陰影部分。而陰影，或許才是真實之所以為真實的命脈所在：沒有陰影的東西只能是鬼。儘管艾斯特哈茲・彼得（Esterházy Péter）早已斷言：「澈底的真實，已經超出了語言表達的可能性」[59]，但這種斬釘截鐵、青面獠牙的說教又能怎樣呢？彼得先生是不是想說服我們放棄真實，放棄獲得哪怕一毫克真實的可能性？但這剛好是睡眠的覆蓋特性導致的又一個好結局：在魏晉風度支援下，在「臥」實施的圈地運動造就的後果中，它熱情洋溢地將保護傘，帶到了廣義地理學的身邊，既能阻止白天和直立行走對睡眠的偷窺、指控與嘲笑，又能讓我們對睡眠中生長出來的寫意性植物，進行隨心所欲地描摹。

---

[59]　艾斯特哈茲・彼得：《赫拉巴爾之書》，前揭，第38頁。

……總的說來——僅僅是總的說來啊——在所有屬人的事物當中，睡眠稱得上最為善解人意：它給那些把「發呆」視作後半生最高「事業」的人[60]，提供了打發時間的絕佳機會——因為我們每一個人，都很不幸地擁有一個黯淡的後半生；不期而至的晚年，則是必然會暗中一寸寸到來的事實，攜帶著它不容商量的強硬性，容不得解釋學上的任何差錯。「現在，我正走在冬天的街上，意外地／獲得了一個虛胖的中年。」[61]但中年，令人身心疲憊的中年，阿倫德哈蒂・羅易（A. Roy）早就歹毒地挖苦過你：「不算老，／不算年輕，／剛好是一個可以死去的年齡。」[62]而「虛胖」，令人討厭的「虛胖」，被吹脹的氣球，我童年時代當足球蹂躪的「豬尿包」（即被吹漲的豬膀胱），它是物質的腐朽和邪惡化，是中年的象徵性記號，是通往老年的脂肪之橋，也是時間在我們身上安置的一套惡意的、無從索解的密碼，就像鍾鳴所說：「人最大的失敗就是死，死之荒謬。」[63]這一切，不會減少夜間地球一以貫之的作用，反而顧名思義般，從詞根的角度和立場，給那些無所事事者、失敗者、隱逸者、拒絕成功者、小人社會的旁觀者、陽的世界的遊手好閒者，一句話，那些毷不囉嗦之人，提供數不清的機會，鼓勵他們僅僅通過對睡眠的廣義地理學分析，就能將「發呆」作為最重要的武器，用以鎮壓虛胖、死及其荒謬性，為後半生事業的「成功」添磚加瓦——更不用說睡

[60] 此處不敢掠美，盜用了宋煒的詩句：「發呆可以成為我們下半生的事業。」（參閱宋煒：《還鄉記》，2004年，未刊）
[61] 敬文東：《小遠寫》，《詩林》2006年第5期。
[62] 阿倫德哈蒂・羅易：《卑微的神靈》，張志忠等譯，南海出版公司，1998年，第4頁。
[63] 鍾鳴：《塗鴉手記》，前揭，第104頁。

眠的覆蓋功能給那些直接進入睡眠的傢伙捎去的愜意感。那是極度的喧囂和燃燒後，留下的令人心醉和心碎的寂靜，宛若瓦萊里（Paul Valery）自相矛盾的絕妙之詞：「最深邃的，是皮膚。」當然啦，我們的睡眠，也極其願意讓某些人成為「幸福的少數人」（happy few）。睡眠有著高邁的襟抱，樂於像頭顱成為身體的頂點一樣，將自己置於「襟抱」一詞的語義最高處——或許，那才是「玉樹臨風」、「飄飄欲仙」的意思？

　　普遍的愜意感對應於「臥」的豐厚語義，響應了魏晉風度的號召，呼應了回憶、始基與出處發出的召喚，還以不斷消耗睡眠養育寫意性植物為方式，主動擁抱了失敗——有且只有在睡眠中的「動物狀態」下，我們才擁有打敗成功、成功哲學、成功人生和強人心態的運氣與機會，才能在對失敗的追求上謀取「成功」，把「發呆」推向高潮和頂峰。而白天，那麼多無邊無際的白天，就像失敗人生的被迫認領者本雅明痛斥過的，「面對生命，它捍衛屍體的權利。」[64]同犬儒主義者、頹廢主義者的卑微理想和細密心思十分相似，在毯不囉嗦之人心目中，唯有失敗值得追求，也唯有失敗，正處於我們短暫的追求之中——這是白天的地球上型號最大的「現在進行時」、唯一存在的「現在進行時」。但被追求的失敗，僅僅存活於睡眠，存在於「臥」（尤其是「側臥」）實施的圈地運動，存在於被「臥」隔離、摘取出來的虛幻地球。

[64]　本雅明：《巴黎，十九世紀的首都》，前揭，第15頁。

　　世間最大的幽默不過如此：被主動追求——也值得追求——
的失敗，既不會對結構主義者的長句人生觀構成任何實質性的影
響，又註定會遭到它的嘲笑和戲弄。但可以被追求的失敗，還是
以它奇妙的曲線、不帶走塵世間一片樹葉的做法，或許能被達·
芬奇招為門神，裝點和護佑他不朽的靈魂，拱衛他的墓中首都，
就像荷蘭詩人馬斯曼（Hendrik Marsman）的輕聲祈求：「讓我
有一個夜晚在水窪裡閃爍／我就會像一朵雲蒸發到天邊。」但更
像一貫呼吸虛弱的里爾克（Rainer Maria Rilke）喘息著對他的情
人所說：「我多想在一個河床裡流淌並變得強大」[65]。當然，那
樣的「河床」，只能是另一個睡床；那樣的「流淌」，只能是另
一種安詳的睡眠；而那樣的「強大」，只能是、只能是另一種軟
弱，另一種失敗，另一種不斷延展的曲線。或許，文本主義者克
林斯·布魯克斯的斷言才跡近於千真萬確：「『真實、美好、珍
貴的情感』仍舊隱含在灰燼中，就算我們費盡心力，最終得到的
只是灰燼本身而已。」[66]

---

[65] 里爾克：《致露·安德莉亞斯－莎樂美》（1903年8月8日），林克等譯，《青年
文學》2010年第1期。
[66] 克林斯·布魯克斯：《精緻的甕》，前揭，第22頁。

二、我們的夢鄉，我們的故鄉

　　古人，我們長鬍鬚的兒童啊，除了在時光的另一頭，對我們飽含祖先的秉性和脾氣，還佩戴著某種至今不為我們所知的古典性，至少同夢鄉的距離比我們更近——占夢術在遠古時期廣為流行和受人追捧，足以坐實這個顯而易見的問題。在滿眼都是「野曠天低樹」、「雲深不知處」的時代，就怪不得唐人高達夫在送別朋友時，有太多的感慨和憂傷：「眠時憶問醒時事，夢魂可以相周旋。」[1]在因為空間隔絕，令命運頗費商量、讓思念發酵和加速旋轉的當口，高適，我們憔悴、高大的兒童祖先，與友人握別時，突然提到「夢魂」以及「夢魂」向上飄逸的速度，有如高山流水一般，是再自然不過的事情。他不像我們，一生下來就已經老去，舉目都是高樓和淒涼；他不像我們，解決揪心的思念，已經不需要仰賴夢境的支援，也不需要夢鄉散發的溫婉熱量——「夢為遠別啼難喚」是現代人早已忘記的情愫。飛機是我們的第一選擇，空中滿是手機需要的密集波段，而地面上，還到處是爬行動物一般囂張的高速列車呢。那是大地上有序的尿漬構成的速度網路，卻號稱能將我們每一個人送往思念中的任何地方——我故去的外婆的居所除外，雖然我至今仍在享用她老人家的深仁厚愛。而為了歷險，我寧願選擇永久性地留在家鄉，那個「此在」

---

[1]　唐・高適：《賦得還山吟送沈四山人》。

（Dasein）棲居的場所，但「又其可得乎」——就像上蔡人李斯被處死前對兒子感歎的那樣。這情形，正合巴勒斯坦人的後裔——薩義德——輕微的抱怨：「在『有所缺失』之上，是新添的現實。飛機旅行和電話交談孕育和連接著那些幸運的人們，而全球流行文化的符號，則掩蓋著易受攻擊的那一方。」[2]雖然華夏古人不可能遭遇擾人心神的「全球化」，也從未見過電話與飛機，但我們長鬍鬚的兒童祖先們，是否一定能免於薩義德揭示的糟糕境遇？對於巍巍大唐送別朋友的高適，遊動的「夢魂」是一種解脫，一種期許，也是他希望中一座暗自存在的橋樑，擁有更為快疾的速度，大約每秒三十萬公里。而關於夢中情景、關於夢與醒之間模糊不清的奇妙界線和交接點，關於夢的凝縮過程、夢沾染著滄桑感的調皮神態，高適的確說得妙極了——儘管他聽從漢語的教誨，只挑選了高度濃縮後區區十四個方塊字。但還是記住吧，天使的語言並不總是勝利者的語言，因為天使和勝利，不過是我們這些凡人虛構的烏有之物——一個亙古相傳的、善意而令人心酸的謊話，一個虛幻的心理遁詞，恰如阿蘭·圖侖（Alan Touraine）的睿智之言：「只有當一個社會完全拋棄樂園隱喻時，烏托邦才開始了它自己的歷史。烏托邦是世俗化的產物之一。」[3]

　　一切壽命有限的受造物都確鑿無疑地成為過去。包括女性在公共場合因某種難堪情境集體暈倒的時代，還有德拉克洛瓦（Eugène Delacroix）所說的「原始汙點」，都一去不復返了。

---

[2] 愛德華·W. 薩義德：《最後的天空之後》，前揭，第23頁。
[3] Alan Touraine, *In Utopia: The Search for the Ideal Society in the Western World*, The New York Public Library, 2000, p.29.

這情形，好似馬克斯·舍勒（Max Scheler）多年前警告過的：
「作為生物，我們毫無疑問是自然的死胡同。」在我們心中，傾
向於消逝的，永遠都是最美好的事物與場景——僅此一條理由，
就能證明成功該是多麼虛妄，勝利多麼不值得追求，何況失敗
和失重，才是我們的最終樣態，恰如查理斯·西米克（Charles
Simic）的辛辣之詞：「鏡子裡，我的臉像一張／兩次作廢的郵
票。」[4]但更像奧登（Wystan Hugh Auden）描述過的景觀：「收
起月亮，拆除太陽，／潑掉大海，掃淨森林，／因為再也沒有什
麼會有任何意義。」[5]如今，長鬍鬚的古人早已變作飽經滄桑的
我們，夢鄉則成為科學的小小領地，恰如所有的人生問題，都被
傲慢的科學傲慢地接管。但「吊詭」的是，在人類的手臂能夠觸
摸火星與納米的時代，小小一個睡夢的生成機制依然難以明瞭，
也許還永難明瞭，就像誰抱怨過的，啊，上帝，我的老闆，機
器在運轉，創作者卻在永久性地酣眠……[6]這等滑稽、可笑的情
形，既與結構主義者揭示的「吊詭」樣態全然不同，又宛若維
特根斯坦（Ludwig Wittgenstein）在不無驚訝中的精闢斷言：即
使所有的科學問題都解決了，我們的人生問題仍然沒有得到有
效地觸碰。睡夢對於我們的最大尷尬恰好在於：它根本不是純粹
的科學問題，它和我們的精神與心靈擁有不止一個切點，它是一
個既關科學又關精神的三角地帶，是激情和解放的源泉。對於它
的生成機制，荀子有一個近乎於現象學層面上的描述：「心臥則

---

[4]　查理斯·西米克：《天堂汽車旅館》，馮冬譯，《詩歌月刊》2008年第12期。
[5]　奧登：《葬禮藍調》，明迪譯，《漢詩》2009年第4期。
[6]　艾斯特哈茲·彼得：《赫拉巴爾之書》，前揭，第37頁。

夢。」[7]看起來，只有「心」蜷縮在床上，「夢境」才會像放電影一樣，讓虛擬的畫面徐徐呈現。千餘年後的朱熹，表面上沿著較為相反的思路，卻從骨子裡像他的眾多前輩那樣，仍然重複和重申了荀子的論斷：「夢者，寐中之心動也」[8]。這個詩意的、次一等級的說法，根本無濟於事，因為它僅僅用柔軟的美學和修辭學，希圖暗中消解、克服首先作為生理事實的夢境，還試圖侵佔科學本該領有的地盤——當然，這是我們善解人意地代替科學在抱怨。儘管夢出現在黑夜的天花板上，很可能確如佛洛德含含糊糊的「睡眠被騷擾之故」[9]，但這個一點兒也不比荀子、朱熹更高明的「科學」見解，絲毫不影響如下事實天天都在發生：睡眠是夢鄉必備的肌膚、罩衣與幕帳，像潮濕的霧氣一樣，在夢鄉的頭頂盤旋、倒立、四處飄散，但最終，依然是一個半圓形的「側臥」，擁有迷人的弧線、堅定的自由散漫，外加一副無政府主義者的嬉皮士面孔，完好地維護了身體在睡眠狀態下才能認領的魏晉風度。有睡眠護佑，我們渴望中的夢鄉——那毛茸茸的寫意性植物及其集合——總是能夠如期來臨，快如一道閃電、一個靈感，或一個怪異而優質的念頭。它在不由分說間，就像颶風那樣席捲了我們，讓我們趁機擁有雙倍的人生，將我們迅速打發到另一個更陰霾、潮濕的地球，被廣義地理學接納和收編，並填滿了它的溝溝壑壑，以及每一個細小的旮旯。我們蒼白乏力的語言，究竟應該怎樣刻畫這等奇妙的景致呢？

---

[7] 《荀子·解蔽》。
[8] 宋·朱熹：《朱子大全集·答陳安卿》。
[9] 佛洛德：《夢的解析》，周豔紅等譯，上海三聯書店，2008年，第11頁。

　　今天，根本用不著「我來突出你的悲劇」[10]，因為今天有足夠充分的證據用以表明：夢對人類的智力、觀念和思維，有開闢鴻蒙之功；至關重要的「靈魂」概念，大有可能來自夢境對初民的恐嚇、誘惑、栽培與鼓勵[11]。保羅‧紐曼頗為機智地寫道：「很可能正是通過夢的媒介，才有了無實體的靈魂的概念。」[12]或許是夢，而不是別的東西擁有的甜美曲線，才暗中培植了「靈魂」的觀念的誕生。任何觀念被製造出來，都需要仰賴一根哪怕是難以覺察的線條，需要一個僅僅可以組成曲線的細節或邊角廢料，還需要依靠肉身、尋找肉身，直到最後如願以償地獲得它的肉身形式。列維－布留爾（Lucien Levy-Bruhl）給出了其中的部分原因：「看得見的世界和看不見的世界是統一的，在任何時刻裡，看得見的世界的事件都取決於看不見的力量。用這一點可以解釋夢、兆頭、上千種形形色色的占卜、祭祀、咒語、宗教儀式和巫術在原始人生活中的地位。」[13]列維－布留爾的獨斷、睿智和神勇，究竟能在邏輯層面上──而不是事實層面上──震撼哪些重量級人物呢？對這個頗具幾分主觀主義色彩的人類學觀察，歐洲工人運動的熱心者、篤信其岳父馬克思和辯證唯物主義的拉法格（Paul Lafargue）先生，心情可能有些複雜。他用稍帶鄙夷的口氣，說到過夢境以及被夢境隨身攜帶的意

[10]　柏樺：《獻給曼傑斯塔姆》，柏樺：《往事》，前揭，第85頁。
[11]　在中國，靈魂的觀念出現得很早，陝西半坡出土了一具埋葬小孩屍體的甕棺，「小孩的甕棺在半坡埋在居住區……甕棺是用一個粗陶甕，上面蓋一個細泥陶缽式盆，缽和盆的底部有一個小孔，這可能意味著讓小孩的靈魂出入有通路。」（中國科學院考古研究所編：《新中國的考古收穫》，文物出版社，1961年，第10頁）
[12]　保羅‧紐曼：《恐怖：起源、發展和演變》，前揭，第7頁。
[13]　列維－布留爾：《原始思維》，丁由譯，商務印書館，1986年，第418頁。

義：「野蠻人不懷疑自己的夢的真實性；假如他夢見旅行、戰鬥
或打獵，那麼他相信確有其事；但是當他一覺醒來並發現自己還
在睡覺的地點，由此他得出結論，當他進入夢鄉時，他的『另外
一個我』——照他們的說法是面貌相同的雙重人——離開了他的
軀體，出去打獵戰鬥；當這個面貌相同的雙重人返回自己的住
宅，即返回軀體的時候，他就醒了。……野蠻人並不懷疑既然他
有時在夢中看見自己的祖先和自己死去了的朋友，這就是說他們
的靈魂，他們的面貌相同的雙重人在夢中來訪問他……」[14]拉法
格在稍帶譏誚的不情願中，很誠實、很負責任地報導了靈魂神遊
的雙向機制：我們的靈魂可以離開身體，他人的魂魄（即靈魂的
中國名字），也可以通過特殊的暗道，隨意造訪我們由肉身凡
胎組建起來的私人宅院——彷彿在睡夢中，私有財產從來無法
獲取有效的保護，共產主義在夢鄉之中早已得到實現。但「夢
中共產主義」和鬱達夫發明的「妓院中的愛國主義」（鬱達夫
《沉淪》）[15]、金庸發明的「青樓中的國際主義」（金庸《鹿鼎
記》）[16]，是否當真具有思維上的一致性？拉法格在思考路徑上
的無可奈何或顧此失彼，從邏輯上說，算不算對列維—布留爾的
巧妙妥協？反倒是跟各種身分不同的有機體打了一輩子交道的
達爾文（Charles Robert Darwin），說得乾脆俐落、擲地有聲：
「夢者的靈魂出門旅行一番，接著又帶了對所看到的東西的記憶
回到家門。」[17]達爾文，這個實證主義的忠實信徒，是不是從更

---

[14] 拉法格：《思想起源論》，王子野譯，三聯書店，1978年，第121-122頁。
[15] 參閱敬文東：《在革命的星空下》，《文藝爭鳴》2002年第3期。
[16] 參閱敬文東：《流氓世界的誕生》，花城出版社，2003年，第200-201頁。
[17] 達爾文：《人類的由來》，潘光旦等譯，商務印書館，1986年，第139頁。

多的有機體身上，看到了什麼奇妙的、向上升騰的景象？同霧氣纏身的拉法格相比，達爾文的觀點似乎顯得要簡單一些。他雖然重點推薦和突出了靈魂的向量品格，卻很可能更願意強調它的單向性，猶如馬爾庫塞（Herbert Marcuse）痛斥過的「單面人」（One Dimensional Man）。儘管如此，達爾文仍然比拉法格更誠實、幽默和積極。他主動要求自己承認：肉體之內還隱藏著靈魂；靈魂能在睡眠和側臥掩護下，脫離濕淋淋的肉體，出去遊玩，但一般情況下，絕對不會忘記按時回家——在靈魂和它暫時作別的家園之間，肯定有某種特殊的、只有它們自己才知曉的口令與暗號。在中國古人過於人文主義氣質的心智中，忘記回家的口令和暗號意味著死，更意味著有關死的眾多比喻，還有比喻的鄰居和親戚。對此，古突厥人有過極為簡潔、極為精彩的言說：「知道口令，不會送命。」[18]而王充，我們的無神論者，一切迷信和神祕事物的詆毀者和破除者，也給出了絕佳的說明：「人之死也，其猶夢也。夢者，殄之次也；殄者，死之比也。人殄不悟則死矣……人殄複悟，死從（複）來者，與夢相似。然則夢、殄、死，一實也。」[19]王充的描述既精闢，又富有詩意和想像力，卻實在沒有必要，因為老謀深算、深知生命之「貓膩」的達爾文，怎麼可能忘記口令和暗號的重要性呢？就像他從來沒有忘記兩棲動物和鳥類之間的過渡形態，並終生都在煞費苦心地找尋它們。但達爾文對夢和「靈魂」觀念所持的態度，也許僅僅是

---

[18]　參閱麻赫默德・喀什噶里：《突厥語大詞典》第一卷，何銳等譯，民族出版社，2002年，第43頁。
[19]　漢・王充《論衡・論死篇》。

在重複印度經典——《吠陀》——的主張，猶如朱熹附議荀子、人大代表附議我們偉大的黨中央：「做夢是一種不同的意識水平」（level of consciousness）。雖然這僅僅是一個隔靴搔癢、隔山打牛的說法，卻並不影響《吠陀》的精闢和先見之明，因為它為幾千年後的達爾文，預先提供可以克隆和複製的答案：人「有兩種狀態，一個在這一世界，一個在另一世界；兩個世界中間夾著一個做夢的地方。做夢時，靈魂離開了肉體，在睡眠者的呼吸的保護下，漂浮於這一世界和另一世界之間，從那裡感覺到兩個世界」[20]——這也許就是雙倍人生的來源或本義？恰如阿多尼斯（Adonis）的精闢斷言：「如果白晝能說話，／它會宣講夜的福音。」被夢鄉保舉和凸顯的靈魂，對雙倍人生之達成，起到了至關重要的作用：它是另一種性質、另一種成色、另一種形態的「福音」，我們的思維與推理能力應當永遠感謝它。

　　梅芙·恩尼斯（Maeve Ennis），釋夢術的當代美國研究者與修習者，像語詞考古學家一樣心思縝密地說過：「在盎格魯—撒克遜語中，『mare』一詞先前的意思為『魔鬼』（demon），它來自梵文『mara』，即『毀滅者』（destroyer）的意思。而『mara』可能又來自『mar』，意為壓碎（to crush）。『夢』保留了『被壓碎的惡夢』的內涵意義。」[21]——看起來，在初民們稚弱的心目中，夢是「致命的尤物」（femme fatale）；而夢和先民們對它大驚失色的原初態度，卻像初夢發生數萬年後嚴厲的

---

[20] 梅芙·恩尼斯（Maeve Ennis）等：《夢》，三聯書店，李長山譯，2003年，第37頁。
[21] 梅芙·恩尼斯等：《夢》，前揭，第25頁。

牧師和拉比，教育了整體的人類，也澈底修改了我們的進化方
向：體制內的觀念模範始終在忙於增肥長膘，而乾癟乏味、死不
悔改的觀念動物，則像詩人海波所說的，「一直都居住在自己的
屍體中」[22]。但這仍然是一個值得欣喜的現象，因為阿多尼斯早
就放言過：「萬物都會走向死亡，／只有人除外，／是死亡向他
走來。」同「肉體」相對立的「靈魂」概念被發現、被確認的重
要性，也許只有雙手從爬行的四肢中被解放出來可以相比擬，雖
然這一切，僅僅出自於偶然的突變和仁慈的天意。而夢或「被壓
碎的惡夢」，則非常及時地充當了觀察、區分靈——肉關係的顯微
鏡，還絕對不會給自己留下諸如艾略特（Thomas Stearns Eliot）
惋惜的那種遺憾、那種將長存於追悔之中的內心況味：「我們深
知失去了什麼，卻不知該如何去彌補、去追回」（I'on sait ce que
I'on perd. On ne sait jamais ce que I'on rattrapera）[23]。值得倍加慶
倖的是，靈肉合一、靈肉可以暫時分離，這個經由夢境而來的觀
察結果，幾經輾轉，終於在某個恰到好處的時刻修成正果，宣告
了形而上學和辯證法的誕生，也預示著人類光輝燦爛的思維前景
——近世以來，形而上學飽受思辨拳腳與惡毒詆毀，卻打而不
倒、倒而不死、死而不僵、僵而不硬，就是因為直到今天，睡中
之夢還在繼續為它提供高品質、高濃度的信心。而且，形而上學
的敵人根本不要指望：這種性質其濃度和品質，居然會自動減輕
或降低它們的成色與品位。從此，在靈肉合一觀念、靈肉可以暫

---

[22] 海波：《淒涼犯簡史》，《中西詩歌》2010年第1期。
[23] 艾略特：《佛吉尼亞‧伍爾夫和布魯姆斯伯里文化圈》，羅森鮑姆編著《迴蕩的
沉默》，杜爭鳴等譯，江蘇教育出版社，2006年，第165頁。

時分離觀念引導下，先人們可以在不斷與夢境重逢的時刻，觀察自己「被」出生（即I was born……）的奇妙瞬間，漸漸把自己從自然界中慢慢摘取出來，通過一系列跟「靈魂」比鄰而居的親戚概念，為自己建立起永久性的保護區和隔離地帶。就這樣，顯微鏡通過自身艱苦卓絕的努力，通過辛勤的自我繁殖與裂變，終於「扶搖直上重霄九」，成為一個雙筒望遠鏡：它提前為我們窺測到了人類的遠景圖案，卻又不會再犯蕭伯納（George Bernard Shaw）犯過的低級錯誤——蕭氏被認為在其戲劇作品中，沒能把「好結局和獲得好結局的方法區分開來」[24]。隨著肉體和靈魂在先人的思維中被分離、「好結局」和「獲得好結局的方法」被區分，人類憑藉堅忍不拔的意志和忍耐力，終於走出了過於漫長、黑暗的蒙昧階段，組建了自己的觀念系統，卻又出人意料地為小人社會或陽的世界增添了籌碼、加大了力度、平添了信心。沒有人會反對：小人社會或陽的世界是夢鄉的隔世子孫；拉斯蒂涅發自肺腑的「現在咱們倆來拼一拼吧」，則是夢中囈語的超級變種或增值與放大——人體上也有擴音器和高音喇叭，它就存在於夢鄉之中。但這依然算得上夢鄉的勝利，它更應該感謝為它提供舞臺的睡眠、睡眠古老的覆蓋功能，以及為睡眠保駕護航的身體上的魏晉風度。

　　從維科（Giambattista Vico）到列維—斯特勞斯的人類學資料，早已熱情洋溢地向我們通報：「靈魂」概念的出現非常普遍和集中，幾乎同時遍及地球的每一個角落、每一個曾經存在的部

24　阿特麗斯·韋布（Beatrice Webb）：《凱恩斯、福斯特、伍爾夫夫婦》，羅森鮑姆編著《回蕩的沉默》，前揭，第46頁。

族。但這樣的景象實在談不上神祕，更不是巧合，僅僅因為做夢是人類的共同本能，僅僅因為初夢給予人類的震驚感，具有幾乎完全相似的面孔，跟膚色無關，也跟語言無涉。有幸受到馬克思追捧的摩爾根（Lewis Henry Morgan）斷言過：「人類的經驗差不多都是採取類似的路徑而進行的，在相同的情況中，人類的需要基本是相同的，所以人類精神的活動原則也都是相同的。」[25]何況「靈魂」概念的被發現，肯定早於巴比倫塔的被建造。《聖經·舊約》暗示過這一點：沒有靈魂觀念的人，當真會為今人所謂的「靈魂事業」勞心費力，吃力不討好地建造一座通天塔嗎？那算不算「吃飽了撐的」或謠傳中的非理性？整體的語言被怒氣衝天的上帝切割成無數條塊後，雖然中國人對夢與靈魂之關係的看法，同其他說「鳥語」的部族並無二致，但在氣勢上，也許顯得更為恢弘。這僅僅是因為漢語本身的英姿勃發和風流倜儻嗎？夢在其中所起的作用，難道當真隱匿不見了？在中國古人宏闊無垠的心智中，夢和人一道，總是被認為跟天地生息的節律緊密相聯：「心應棗，肝應榆，我通天地；將陰夢水，將晴夢火，天地通我。我與天地，似契似離，繩繩各歸。夢中、鑒中、水中，皆有天地存焉。欲去夢天地者，寢不寐。」[26]這等極為自信的古典性口吻想要強調的，是睡眠、夢、甚至偶爾發生的夢遊（它是肉體和靈魂之間最為奇妙的一種關係），都存在於天地之間；天地是它們的空間形式；睡眠、夢和夢遊，則被天地呼吸與吐納，像在海浪上一樣，讓它們盡情享受翻滾帶來的嘔吐、頑皮與無以言

[25] 摩爾根：《古代社會》，楊東蓴譯，三聯書店，1957年版，第7頁
[26] 《關尹子·二柱》。

表的快意。試想一下，還有比天地作為空間形式、作為外套與幕帳更輝煌的夢的宇宙觀嗎？同其他許多古老的部族相比，對肉體和靈魂之關係的看法，華夏民人也可能顯得更簡潔，暗合了古漢語惜墨如金、自我節欲的優良品德：「人之夢也，占者謂之魂行。」[27]王充用區區十個方塊字，就道盡了夢境的一切祕密——儘管他的本意，很可能剛好是對這個觀念的嘲諷；但不幸沒能留下姓氏名號的偽經製造者，也許更懂得古漢語的心願，更瞭解古漢語的脾性與尊嚴，他只用了少之又少的四個字：「夢是神遊。」[28]種種跡象表明：在中國人的觀念中，靈魂趁人熟睡，外出四下巡視，必然能和意想不到的人與物相邂逅，以成就各種稀奇古怪、令人目瞪口呆的夢象[29]。最初，它肯定是古印度人所謂「被壓碎的惡夢」，嚇壞了所有的初夢者，卻對應於語言尚未分裂時集中出現的「靈魂」觀念。在中國古人的普遍想像和靈感中，看不見的靈魂僅僅是一種「玄之又玄」的氣體[30]。和過於沉重、堅硬的陽的世界截然不同，也跟喧鬧、蕪雜的小人社會迴然有別，它神祕、輕盈，無思無慮、無心無肺地充塞於天地之間，時而是儒家的「浩然正氣」，更多的時候，是夢鄉所必需、卻只能寄存於漢語空間之中的古怪氣體。它能突破人體的圍、追、堵、截，向天空飄升，有時也具有黑鐵般的沉重，甚至擁有深入土地之根部的非凡才能——否則，有些人怎麼會夢見恐怖的地獄和閻王爺？東方神祕主義者普遍相信，作為氣體的靈魂在人熟

---

[27] 漢・王充《論衡・紀妖篇》。
[28] 《敦煌遺書・伯3908》。
[29] 漢・王充《論衡・論死篇》有言：魂「與人、物相更」。
[30] 此即《儀禮・士喪禮》所謂「出入之氣謂之魂」。

睡時，趁著魏晉風度最終成型，趁睡姿達到它酣暢淋漓的境地，趁廣義地理學精心修訂、調整自己的理論和學說，能從我們的鼻孔、嘴巴或其他有孔的地方逃逸出去，跟它可能邂逅的人與物相交接，以便生成多姿多彩的可能世界[31]。但它會不會從開口朝下的肛門逃離出去呢？這樣的夢象，會不會帶有臭豆腐的味道，也就是每一座城市的每一個西門與拐彎處，都必須奉命認領的那種讓人掩鼻繞行的特殊氣味？「被壓碎的惡夢」是否就是這樣「被」出生的？

　　讓人頓生疑竇的是，對於靈魂、肉體和夢鄉之間的關係——仿照德國社會學家尼克勞斯·桑巴特的句式——「風姿綽約的絕望和完全絕望的風姿綽約」，當真稱得上「最好的情況」嗎[32]？出於對「至人無夢」、不讓魂魄外出巡遊以傷「心府」的審慎考慮，少言寡語，熱衷於倡導陰的世界、小國寡民與枯寂人生的老子，那個打一出生就「耳有三漏」[33]的怪人，免費為我們提供了一個絕妙的好主意，很可能會收到一勞永逸的效果，附帶著，還能鎮壓桑巴特自欺欺人的「最好情況」。但作為有史以來最極端、最名實相符的語言禁欲主義者，老子實在是太惜墨如金了，絕妙主意在他的授意和管制下，僅僅包裹在區區六個漢字之中：「塞其兌，閉其門。」[34]對此，祖傳的訓詁學有明確的言說：「兌」的任務很重，一身兼任三個指稱，代表兩耳、鼻孔和口腔；而「門」呢，要顯得稍微輕鬆點，就像它可以被輕鬆

[31] 參閱劉文英等：《夢與中國文化》，人民出版社，2003年，第25頁。
[32] 尼克勞斯·桑巴特：《巴黎的學習歲月》，前揭，第17頁。
[33] 清·李涵虛：《老子真傳》引《內傳》。
[34] 《老子》第52章。

的打開與關上、關上與打開：「門」單指眼睛──俗稱「靈魂的窗戶」。看起來，在老子枯寂乾瘦、深不可測的智慧中，靈魂──它的中國名字叫魂魄──的經營者，只能是脖子以上的高貴器官，和下三路沒啥關係。因為「上」比「下」更優越，能享受更多的陽光和雨露，當然也更牛逼──在潔癖人士那裡又俗稱「牛叉」，或雅稱「牛X」。請原諒，宛如艾斯特哈茲・彼得所說，「髒話就是世界語」[35]，或者有如露絲・韋津利（Ruth Wajnryb）女士所言，連「地心」都是「由髒話本身組成」的[36]，我故意性的粗俗，我對直線運動故意性的熱愛，僅僅是想讓您弄清楚我講的究竟是個什麼意思。請記住：靈魂（或魂魄）跟安居樂業、小國寡民於下三路的肛門毫無關係。若干年前，我還曾故意調笑式地說過，「和嘴巴不同，那個具有超級伸縮能力的門洞向來只負責否定」，「它是人體上的否定之神」，最多只偶爾「代替嘴巴嘟囔兩句」[37]。因此，肛門管住「口臭味」濃烈的「嘴巴」，是「道」的要求和命令；但它緊閉的門洞，它超強的伸縮能力，當真能否定輕盈、飛翔的夢境嗎？倡導陰的世界和寂靜人生的老子最想說的或許是：不用理睬頭部以下的人體漏洞，只要我們時刻警惕，關閉脖子以上的全部大門，夢或夢的胚胎就消失了，靈魂就像得到老子稱頌過的嬰兒一樣，被囚禁在封閉的肉體之內；靈肉合一的狀態，更能讓我們收穫省心省力、風平浪靜的效果──那是「道」的最高境界，莊子稱之為「真人」或

[35] 艾斯特哈茲・彼得：《赫拉巴爾之書》，前揭，第31頁。
[36] 參閱露絲・韋津利：《髒話文化史》，顏韻譯，文匯出版社，2008年，第63頁。
[37] 敬文東：《看得見的嘴巴》，《文學界》2007年第3期。

「至人」狀態。

　　和老聃的嚴謹態度相映成趣的，是我們土生土長、帶有泥
腥味和鐵棍山藥味的中醫學。它似乎更願意從人身上的各個器官
處，為魂魄找到不同級別、不同成色、不同檔次的居所。跟夢的
宇宙觀遙相呼應，在中醫學高邁而臨空虛蹈的宇宙論想像中，器
官們在空間上高低貴賤的等級序列被羅列出來了：「肺也、腎
也、脾也，魄之宮室也；肝也，心也，魂之都居也。耳也、鼻
也、口也，魄之外庭也；目也、舌也，魂之別舍也。晝遊於外庭
別舍，夜歸於宮室都居，故覺則有知，寐則有夢。」[38]瞧瞧，整
天被裹得嚴嚴實實、密不透風和充當「人質」的肛門，連魂魄最
低級的住所都談不上，更不可能是夢的出處，「被壓碎的惡夢」
當然不是它製造出來的。儘管那些姿色各異、地位懸殊的「被壓
碎的惡夢」，很可能真的帶有臭豆腐氣味，攜帶著每一個西門和
拐彎處讓人掩鼻繞行的不良味道，畢竟同肛門毫無關係。既然如
此，為什麼嘴巴必須裸露，而開口朝下的主，卻被牢牢囚禁在
至少兩條褲子圍成的柵欄之中？看起來，在有潔癖、愛衛生、
講究君子風度的中國哲人心目中，魂魄從來不曾定居於肛門，也
不會從它那裡外出巡視──像特工人員一樣潛伏在肛門上那道
開「口」朝下的暗「門」，不是為魂魄準備的；「蓬門今始為君
開」中的那個「君」，只能是「道在屎溺間」裡邊那個更難聽的
字眼所指稱的汙穢物，絕不是能夠製造夢象的魂魄──但惡夢，
它到底來自何方？這是不是也算一個有趣的話題？

[38]　明・莊元臣：《叔苴子》內篇卷四。

　　基於漢語嚴格的自我本性，中國古典時期的占夢術，對如
下信條持深信不疑的態度：「好仁者多夢松柏桃李，好義者多夢
刀兵金鐵，好禮者多夢簠簋籩豆，好智者多夢江湖川澤，好信者
多夢山嶽原野……」[39]那好「惡」者呢？小人社會或陽的世界那
麼多好「小」的傢伙呢？在「側臥」與魏晉風度的護佑下，他們
究竟應該夢見什麼？他們的夢鄉該是何種景象？——畢竟只有在
「側臥」面前，而不是有史以來最神祕的「有關部門」宣稱的在
真理和法律面前，我們才有可能——僅僅是有可能——做到人人
平等。既然被嚴重蔑視和詆毀的肛門，被禁閉、每天只偶爾放風
幾次的開口朝下的主，壓根兒不是惡夢的出處，那它也絕對不應
該是好「惡」者的夢鄉、夢象的發源地和集散地。狄德羅高明
到了不僅弄不清夢與醒之間的界限，還對「夢」中之「鄉」和
「夢」中之「象」，有一個極為生動的刻畫；承他老人家大人大
量，還充分考慮到了廣義地理學的重要地位：「在你的夢中，
你指揮，你號令，人家服從你；你或者不滿，或者滿意，你遭
遇矛盾，你遇到阻礙，你激動，你愛，你恨，你咒罵，你來，
你去……」[40]多麼熱鬧的景象，多麼生動的劇場，多麼愜意的時
刻，甚至連小人社會上的「勝利也沒有玷污過它」[41]！這些數以
萬年來，從未改變性質、音量和音色的夢中喊叫，恰如吉爾·德
勒茲所說：「就是整個身體通過嘴巴而得到逃脫的行為，是整個

[39] 《關尹子·六匕》。
[40] 狄德羅：《狄德羅哲學選集》，前揭，第188頁。
[41] 喬治·伍德科克（George Woodcock）：《無政府主義捲土重來》，特里·M. 林
（Terry M. Perlin）編：《當代無政府主義》，吳繼淦等譯，商務印書館，1984
年，第38頁。

身體從內向外的推力。」[42]但這到底是誰的夢鄉？是好人的，還是壞人的？是拉斯蒂涅和于連的，還是孔夫子和老聃的？梅芙・恩尼斯說：在夢中，「有我們自己的劇院，意象每夜都像戲劇一樣展開，舞臺、演員和情節一應俱全。」[43]但除了做夢者，誰見過這些景象？中國臺灣一位名叫唐諾的文字學愛好者，以半開玩笑的語氣講到過：「世界上有兩種人最可怕，一是不會講笑話但偏要講的人，另一則是一定要把自己的夢一五一十告訴別人的人。」[44]如果沒有第二種「最可怕」的傢伙，我們又能看見幾個像樣的、或許更為神奇的夢鄉？還能欣賞到多少個稀奇古怪、勾人心魄的可能世界？僅僅翻檢、觀看自己的夢鄉和夢象，不能滿足人類的心理渴求；像窺視他人隱私一樣熱衷於偷窺別人的夢境，也算得上兩足動物的特殊癖好，沒有理由得到怠慢。而能將夢鄉中的「他」、現實中的「我」，以及作為聽眾的「你」聯繫在一起的，或許只能是第二種「最可怕」的傢伙——這一切雖然很有趣，卻仍然沒能告知我們好夢與惡夢的出處和發源地。但這些疑問很可能早在殷商時代，就已經得到了較為妥善的解決。在甲骨文中，「夢」字像堅實無比的雕塑，以它怪異的造型和笨重的體量感，向我們暗示：夢是「心」之「觀看」[45]，是心「眼」運作的結果——真是天才絕倫的創意和想像，一語道破了夢的生成機制。特朗斯特羅姆（Tomas Transtromer）的詩句，最多是

[42]　德勒茲：《法蘭西斯科・培根：感覺的邏輯》，前揭，第22頁。
[43]　梅芙・恩尼斯等：《夢》，前揭，第71頁。
[44]　唐諾：《文字的故事》，上海人民出版社，2010年，第31頁。
[45]　參閱羅建平：《夜的眼睛——中國夢文化象徵》，四川人民出版社，2005年，第3頁。

「英雄所見略同」般，重複或重申了甲骨文對夢境以及夢的工作
機制的超前猜測：

> 睡者的眼睛在移動，
> 它們跟隨著另一本書中的
> 沒有字母的文本——
> 明亮，過時，迅速……[46]

　　甲骨之「夢」以厚實的體量感想要強調的，是一種施力方
向十分古怪的「內視」行為，同數千年後生物學上的「快速眼動
睡眠理論」（REM Sleep Theory）遙相呼應：夢不是聰慧的古人
猜測的那樣，來自於靈魂出遊、魂魄出門散步與戀愛——雖然這
種猜測導致了、開出了無實體的靈魂概念；而是來自「內視」，
來自「心」之「觀看」，來自心「眼」的耕耘，最終，只能是心
「眼」的傑作——和「色情幫」信徒的看法大為不同，心「眼」
不需要通過戀愛和肉乎乎的床上行為獲取夢境，它只需悄無聲息
地觀看。在「內視」中，現實的回聲，讓步於可能世界中虛擬的
現在進行時態；表徵聽覺和嗅覺的動詞，則有意讓位於不那麼實
在，卻又無比輕盈的視覺動詞。正如某些智慧之人所說，在「內
視」中，一種奇異的感覺和另一種陌生而熟悉的印象，在反覆交
織、疊加和相互辨識……雖然好夢不來自脖子以上的高貴器官，
惡夢也不出自低俗的、開「口」朝下的肛門，何況它在夢鄉中還

---

[46] 特朗斯特羅姆：《夢幻研究》，《特朗斯特羅姆詩選》，董繼平譯，河北教育出
　　版社，2003年，第272頁。

被牢牢囚禁、被當作「人質」，根本不準擅自開口說話，只能趁四下無人之時，偷偷為自己居於下方、必須為汙穢之物側身讓道的命運輕輕歎氣——俗稱「放屁」。正人君子會做惡夢，小人也會夢見「松柏桃李」、「刀兵金鐵」、「簠簋籩豆」、「江湖川澤」和「山嶽原野」……這些高度凝縮的夢象，都能被「心」一一目睹和回憶，就像親眼目睹和回憶它的前世與來生。

　　王充站在反神祕主義立場上，無意間，卻為「內視」講了一句很漂亮的公道話。他很負責任地報導說：我們在睡眠時，「（雙）目反光，反光而精神見人物之象」[47]。這很可能是對「內視」最精彩的描述，是關於夢鄉之由來的得道之言，攜帶著濃烈的詩意和東漢時期特有的想像力。但與睡眠和夢鄉有關的「內視」或「雙目反光」，卻不是舍斯托夫（Lev Shestov）極力稱頌過的「二重視力」。在舍氏密集、厚重、立場堅定的神學語境中，「二重視力」只能被逼迫著成為上帝之目，約等於我華夏中土之神——楊戩——額頭上的三角眼。它能突然放出純粹的光芒，能迅速抵達純粹「看見」的境界，還能「看見」位於骨髓深處和內心底部的東西。「二重視力」是具有神性的X光，是CT，是核磁共振，它被特殊之人——比如舍斯托夫稱頌的杜思妥耶夫斯基——所佩戴，為的是洞明人性的善惡、神性被人丟失的過程，以及導致這個過程的隱秘機制[48]。「內視」的一半是肉體（它負責生理行為），一半是靈魂（它生成精神性幻象），從未擁有「二重視力」在精神上佔有的那種純粹性。儘管「內

[47] 漢・王充：《論衡・論死》。
[48] 參閱舍斯托夫：《在約伯的天平上》，董友等譯，三聯書店，1988年，第1-25頁。

視」在某些妙人所稱道的「歷史長河中」，也曾被賦予過太多的神祕感──一切形式的占夢術都得接受「內視」領導與管轄──但如今，它在更多的時刻，主要被視作睡眠中的快速眼動。在睡眠的覆蓋功能幫助、聲援和保護下，「內視」支持、催促、激發和慫恿了夢鄉的誕生。儘管快速眼動睡眠只是整體睡眠一個小小的片段、一個插曲、一個花絮，卻是身體的魏晉風度開闢的疆域裡，最容易做夢的時刻，最容易出現幻覺的時段，一句話，它是可能世界藉以成型的絕佳時刻。夢鄉就是心之所見、心「眼」之所見，就是魂魄的靈光乍現，是睡眠者的神祕之眼在從事偷窺活動。這跟靈魂（或魂魄）是否或艱難或輕鬆穿過七竅外出巡遊沒有關係，儘管夢的更為精確的生成機制至今難以明瞭──佛洛德博士除貢獻了偉大的「潛意識」概念外，談不上瞭解夢的發生學機制。對此，法國作家勒克・萊齊奧（Le Clézio）有過足夠辛辣的言辭：「並不存在能判斷無意識的意識，只有兩種差異的意識，伴隨它們有時相遇見的場合，它們相互干擾和交換。」[49]與靈魂是否外出巡遊無關的「內視」，總是傾向於跟側臥相對稱，與「此在」的二分之一相呼應。它能把跟隨腦電波一道神祕出現的夢中幻象一眼洞穿，並將它們謄寫在記憶的天花板上。

　　舍斯托夫出於神學上的處心積慮，出於對歷史理性和其他一切面無表情之理性的堅決反擊，「二重視力」是單向的，是絕對向外的；為了與身體的魏晉風度使用同一個韻腳，為了和廣義的地理學押韻，並堅持不懈地反對結構主義者的長句人生觀，「內

---

[49] 轉引自尚傑：《大地上的陌生人》，《文景》2010年第5期。

視」始終是內斂的，樂於指向黑暗中的自我、那唯一一個可以依
憑的自我。就像西方人的「懺悔」指向外部的上帝，被漢語千百
年浸泡、打磨的「反省」，則永遠奔向自己神祕的內心——此
即所謂「反身而誠」[50]、「反求諸己」[51]。但這絕不意味著「內
視」跟「屍臥」有何瓜葛，儘管「屍臥」確實代表的是白天、白
天的地球，是睡眠狀態下的「克己復禮」和「吾道一以貫之」。
在絕大多數時刻，「內視」只跟側臥相聯繫、相往還、相俯仰，
更樂於聽從身體的魏晉風度的指揮和干預——畢竟側臥弄出來的
弧線，才擁有更多的詩意和酣暢；「屍臥」頂多是一種反睡眠的
睡眠和姿勢，它製造的夢鄉，也只能是反夢鄉的夢鄉和狀態。它
僅僅是白天的一個轉喻，是小人社會派往夜晚的特工人員，是陽
的世界從其總部，遣送到睡眠中的動詞狀態的高等間諜，是小日
本帝國時期的大特務土肥原賢二——這個狗雜種，他爹在造他的
巔峰時刻，怎麼就沒把他射在臥室的牆壁上呢。

　　費爾南多・佩索阿的觀點很可能是正確的：白天能夠給我
們的唯一許諾，就是這一天在固定不變的運行和終結中，成為
另外的一天[52]。這情形，宛若一位中國女詩人的機智之言：「靈
魂充其量只夠擺一張桌子，多了也不像靈魂。」[53]袁虹女士想說
的，是不是「大就是小」、「少就是多」昭示的那種神色古怪的
辯證法？她想說的，是否正好和佩索阿說的恰相對仗，且互為聲

---

[50]　《孟子・盡心上》。
[51]　《孟子・離婁上》
[52]　費爾南多・佩索阿：《惶然錄》，前揭，第39頁。
[53]　袁虹：《給他媽大蘋果的一首詩》，http://blog.sina.com.cn/s/blog_4740b4fa0100jz2b.
　　　html，2010年7月9日22時訪問。

援麼？而我們鋪天蓋地、幕天席地的夢鄉，則萌生於睡眠最曲裡
拐彎、至今不為我們知曉的某個神祕時刻，那個表面上暗無天
日、伸手不見五指的漆黑世界，對光的背叛、拋棄、畏懼、痛恨
和仇視，是它的首要特徵——就像誰誰誰說的，夢鄉既需要表現
的原型，也需要被敘述的故事；但在今天，它僅僅是一種無神論
的虛幻之物，脫去了「被壓碎的惡夢」那件令人恐怖的黑衣裳。
最初，夢鄉只是一棵小小的根芽，猶如狄德羅所謂「性欲的尖
兒」[54]，從旁守候的，則是不眠的「內視」眨巴著的小眼睛，猶
如夜半天空中的星斗，若隱若現，美麗無比，在耐心等待霧氣和
陰霾。但夢鄉也會像被挑逗的性欲一樣，在一個稍縱即逝的瞬間
迅速成型——按《創世紀》的說法，「事情就這樣成了。」事物
最奇特的地方，並不是它複雜的面部顯現出來的種種性徵、怪異
的五官或刺人眼目的疤痕，而是暗含於事物內部並最終成就事
物的古怪速度——一如本雅明（Walter Benjamin）從德國的首都
（即柏林）剛踏上歐洲的首都（即巴黎），就忙不迭地暗示過的
那樣。從表面上看，睡眠寧靜、安詳，舉重若輕又舒展自如，好
像全無速度。在它的內部，卻滿是漩渦、湍流、驟雨和颶風，不
時還有古怪奇異的人物和風景，在偷偷摸摸地進進出出、來來往
往，就像池凌雲說的，「漩渦的生前也是順風順水」[55]——這就
是我們天天都會遭遇的夢鄉，它在「內視」中成型、發育和長
大，構成了我們幻想中的「黃金時代」或「小國寡民」。正如我
們不能病態地、自打耳光似地說「一朵花在虛假地開放」，我們

---

[54] 《狄德羅哲學選集》，前揭，第185頁。
[55] 池凌雲：《陽臺》，《池凌雲詩選》，前揭，第180頁。

只能承認：夢鄉帶著它的幻影和翅膀，真實地來到我們的身上，以它們各不相同的身段和姿勢。恰如赫拉克利特（Heraclitus）所言：「清醒的人們有一個共同的世界，可是在睡夢中人們卻離開這個共同的世界，各自走進自己的世界。」[56]沒有必要反對，這個可以用「親愛的」來稱呼與來修飾的「世界」，將朱利安·伯恩賽（Julian Burnside）所謂的「社會主子」給最大限度地遮罩和根除了。它是我們最私密的領地、最恰切的舞臺，特別值得我們珍視、愛戴與呵護，何況榮格（Carl Gustav Jung）早就替我們讚美過：它是我們每個人的天堂與神話。有「內視」站崗放哨，夢鄉只能是一個嘈雜、絢爛、封閉的空間，猶如博爾赫斯（Jorge Luis Borges）眼中的世界，僅僅是一個巨大而圓形的圖書館——靈魂並不外出散步，魂魄只在自己的居所內，暗中展開自身的扇形物，為其主人提供白天不可能獲得的自由、真正的自由，但最終，只不過是真正自由一個優美的、帶弧形的片段。我們在萬般無奈之際，是不是也可以像艾斯特哈茲·彼得諷刺過的那樣，被逼著「用死亡抵禦疾病」[57]？

　　在「內視」的法眼照耀下，在「心」之「觀看」中，在我們敏銳的心「眼」裡，夢鄉內部決不存在動作上的獨白狀態。在各個夢中動作之間，有著廣泛的對話關係，只不過它們有時候，有點像《等待戈多》中那兩位自言自語的主人公，在對話上總是彼此撲空。奇怪的是，它們又從來不曾真的向前撲倒——當

---

[56]　《赫拉克利特著作殘篇》，北京大學哲學系外國哲學史教研室編譯：《西方哲學原著選讀》上，前揭，第25頁。
[57]　艾斯特哈茲·彼得：《赫拉巴爾之書》，前揭，第76頁。

然，如果真的倒下了，《等待戈多》也將散架，而且還死得很難看，誰叫貝克特（Samuel Beckett）玩現代主義的陰招呢。這種面色古怪的對話關係，導致了夢中的動作亂倫，動作亂倫又頗有些「動漫」的姿色與味道；或者，現在滿大街被兜售的「動漫」作品，不過是抄襲了夢鄉對動作／行為極富靈感的創意？但睡眠必需仰賴的魏晉風度，最終對應的，只能是夢鄉中的無政府主義，是廣袤無邊的自由，恰如美國詩人休姆（T. E. Hulme）所說，歐洲聲勢浩大的浪漫主義運動，從頭到尾，只願意環繞著唯一一個詞——「飛」、「朝著無限而飛」[58]。唯有搞笑、保守的「屍臥」，到了這等酣暢淋漓的關頭、這等鳥語花香的境地，還在盡心盡力支援夢鄉中的管制狀態，在呼喚極權主義性質的身體觀——看起來，「屍臥」倒是無限忠於自己的信仰，具有令人震驚、側目的敬業精神。讓「屍臥」震怒的是，無政府主義才是夢鄉最大的意識形態，是心「眼」構建夢鄉最主要的指導原則，是「內視」必須忠於和投靠的根本大法，更是「心」之「觀看」必須遵循的視線準繩——當然，它還肩負著充當「屍臥」之天敵的使命，一個小小的、手到擒來或水到渠成的使命，具有不費吹灰之力所認可的全部特性。費爾南多・佩索阿深有感慨地說：只有在夢鄉，才能「想像我永遠自由了，是擺脫道拉多雷斯大街的自由，是擺脫V老闆的自由，是擺脫M會計及所有雇員的自由，是擺脫小差役的自由，是擺脫郵遞員的自由，甚至是擺脫貓的自由。在夢裡，自由給我的感覺，就像一些從未發現過

---

[58] 參閱趙毅衡：《重訪新批評》，百花文藝出版社，2009年，第9頁。

的神奇島嶼，作為南部海洋的贈禮豁然展現」[59]。聰慧、睿智的
費爾南多・佩索阿，為什麼要像個長舌婦樣說得那麼瑣碎呢？或
許，正是瑣碎敗壞了我們的生活、影射了我們的命運、糟蹋了我
們的前程，就像柏樺很「瑣碎」地說：「痛影射了一顆牙齒」；
因為對於人的內心、對於我們的「個人神話和天堂」，恰如巴枯
寧在語氣上的斬釘截鐵和不容辯駁：「只存在一個唯一的教條，
一項唯一的法律，一個唯一的道德基礎──自由。」[60]很顯然，
「當一個人以自由的精神面對現實世界的時候，他是不受現實世
界的現實規則的束縛的。」[61]尼克勞斯・桑巴特替我們指出過，
在夢鄉，無政府主義的動作／行為想要表達的最大欲求，總是傾
向於「超出所有的慣例、規劃和合乎邏輯解釋的可能性，以一種
違抗者的行動，希望和世界融為一體」[62]。很容易分辨，桑巴特
心目中的世界首先是夜晚，是另一個地球，但它也指稱白天，指
稱陽的世界，指稱接受太陽調遣和調教的蔚藍色球體。在此，特
里・M. 珀林的睿智之言，來得既湊巧，又及時：一切無政府主
義者的「王國既不在、也不是這個世界」[63]。和桑巴特的主張大
為不同，珀林的世界僅僅是白天，是陽的世界，是寒冷的小人社
會，僅僅是我們的肉眼目擊過和正在目擊著的球體。這個世界，
這個令人扼腕歎息的小人社會，不允許真資格的自由亮出白嫩嫩

---

[59]　費爾南多・佩索阿：《惶然錄》，前揭，第3頁。
[60]　巴枯寧：《巴枯寧言論》，中共中央馬克思恩格斯列寧史達林著作編譯局資料室
　　　編，三聯書店，1978年，第74頁。
[61]　白浩：《無政府主義精神與20世紀中國文學》，中國社會科學出版社，2008年，
　　　第15頁。
[62]　尼克勞斯・桑巴特：《巴黎的學習歲月》，前揭，第35頁。
[63]　特里・M. 珀林：《反抗精神的再現》，特里・M. 珀林編《當代無政府主義》，
　　　前揭，第18頁。

的小雞雞——如果一旦亮出了，也傾向於將之摘除而後快，傾向於將之押往蠶室，讓它成為本質上的太監或太史公。艾斯特哈茲・彼得斷言過：在這個球體上的任何地方，「都不是用愛統治國家的，」因為「愛只能執掌星辰、所有的星辰」[64]。他的意思很可能是：多少年來，我們糊裡糊塗地把愛用到了非人的事物身上，沒有落實在任何一個活人的小心田。按其本意，愛更傾向於同自由依偎在一起。對此，老歌德早就為我們奉獻了答案：自由的「冠冕就是愛。只有用愛來接近它……所有的創造物，都渴望著融彙進共同的懷抱裡」[65]——沒有自由的愛，或沒有愛的自由，我們又當如何想像它的容貌和嘴臉？那還是愛、還是自由嗎？

在被白天照耀的地球上，在無限廣闊的小人社會，我們天天都在遭受國家級別的毆打、帝國檔次的蹂躪，而被白天欽定的模範和標兵，那些組成一字長蛇陣的拉斯蒂涅和于連們，卻在不斷加厚自己的小肚腩，在熱情洋溢地鼓勵自己的腰包快速膨脹。馬爾羅（Andr Malraux）在《希望》一書中，借他的主人公之口，替我們這些不思進取的傢伙發出了輕柔、懦弱的籲請：「不應當讓那些兩千年來一直被人打耳光的人，再伸出外一邊臉頰。」[66]但在陽的世界，這等水平線之下的「奢望」「又其可得乎」？對於我們，尤其是我們中間那些毱不囉嗦之人，夢鄉更

[64] 艾斯特哈茲・彼得：《赫拉巴爾之書》，前揭，第65頁。
[65] 參閱巴赫金：《巴赫金全集》第六卷，李兆林等譯，河北教育出版社，1998年，第297頁。
[66] 蜜雪兒・維諾克（Michel Winock）：《法國知識份子的世紀・紀德時代》，孫桂榮等譯，江蘇教育出版社，2006年，第172頁。

準確的意思更可能是：無政府主義的世界想依靠它的二重世界性，打擊、吞噬、消融陽的世界和小人社會。因此，只有夢鄉，才勉強有資格成為我們的故鄉。一切現實中的老家，我們地理、方位上的出處，都是對夢鄉的模仿、剽竊或別有用心的借用。為此，我的老哥們兒——詩人桑克——很沮喪地寫道：我們「只在詩中縱容自己，／只在夢中款待自己，／而白晝，而生活，沒什麼可想的，／古板，佯裝熱情，悲傷得要命」[67]。只因為陽的世界不存在自由，一切事情都是我的，一切事情都被強加於我，一切事情都在以這種陰陽怪氣的語調，阻攔我的自由和桃花源，何況小人社會本來就是反自由的急先鋒或莽張飛。對此，麥克斯・施蒂納（Max Stirner）情緒大為失控，血壓明顯上升：「還有什麼不是我的事！首先是善事，而後是神的事，人類、真理、自由的事、人道和正義的事；以至我的人民、我的君主和我的祖國的事；最後，則還有精神的事和成千其他的事。唯有我的事從來就不該是我的事！」[68]恭喜！這就是我們一出娘胎，就被迫認領的人生。我們的夢鄉借助無政府主義特性，有望解決這個囚牢般的局面嗎？很顯然，這種問話口吻，就是自由的口吻、故鄉的口吻、桃花源的口吻，但更是鑲嵌和環繞在故鄉周邊的聲音裝飾物；很顯然，它不是關於自由的詩篇，但它是關於自由的詩篇的本質、精華，是它必不可少的微量元素，更是關於自由的「元詩」。

---

[67] 桑克《自我要求》，民刊《剃鬚刀》2010年秋冬季合刊。
[68] 麥克斯・施蒂納：《唯一者及其所有物》，金海民譯，商務印書館，1989年，第3頁。

或許，塞弗里斯（George Seferis）慷慨激昂、又略帶頹廢心緒的沉重之言早已一語成讖，也能夠恰如其分地對稱於我們的艱險與徒勞：「憑什麼樣的精神什麼樣的勇氣／什麼樣的願望和熱情／我們竟然過著我們的生活？」而艾斯特哈茲‧彼得的精闢斷言，肯定命中了我們正普遍面臨的困境：「三流的誘惑不是誘惑，真正的誘惑是一流的，是針對個體進行的。」[69]誘惑的貧困和它的低級乏味特性，意味著所有人都可能有過這樣的經驗：正當他在夢中可以獲取絕對自由時，也會突然間遇到白天和白天的律令，也會與白天的地球狹路相逢、短兵相接，從而放棄歹念——哪怕一具完美的、散發著溫婉熱量的裸體就在身邊。這等令人沮喪的情形，恰如一句民間俗語嘲弄過的，「親不到，抱不到，操不到，撐死眼，餓死屌。」儘管上帝也不可能真的盯梢所有人間情欲，但偉大的巴勒斯坦詩人馬哈穆德‧達威什（Mahmoud Darwish）卻早就預言過：「大地在我們眼前關閉，逼迫我們進入最後的通道。」襲擊夢鄉的，依然是白天的道德律令：它強行關閉了「大地」，只允許我們擁有白天以及它隨身攜帶的「最後通道」；它在夢鄉中神祕地出沒，不顧「內視」的偷窺和監控，隨時都在翻閱我們的大腦，檢查我們的神經，監測我們血液的流速。這個充任馬哈穆德‧達威什精準預言的珍貴證據，這個不請自到的客人，首先來自「屍臥」，其次，來自身體的魏晉風度偶爾的失察，或許，更來自魏晉風度的不夠堅決。但這怪不得我們羸弱的小身體，畢竟令人仰慕的竹林七賢，也沒能

---

[69] 艾斯特哈茲‧彼得：《赫拉巴爾之書》，前揭，第31頁。

將魏晉風度堅持到底，就像有人諷刺過的，七賢們「哭完鬧完，這個日子還是要過，司馬昭的嫁衣還是要做，《勸進箋》心一橫也就寫出來了，儘管語意進退含糊」[70]。作為白天派往夜間的高級特工、動詞狀態的間諜和小日本帝國的土肥原賢二，「屍臥」總是在致力於撞擊夢鄉的腰部，何況側臥還給它完成工作予以莫大的方便：側臥亮出了夢鄉之腎的居所與宅屋，但它也須臾未曾忘記將開口朝下的肛門，對準氣勢洶洶的來犯之敵——這就是我們的身體在為我們尋找故鄉時特有的幽默感。而幽默，承上天的厚意，恰如伯里斯・維昂（Boris Vian）稱頌的：「是對失望的嘲弄，是絕望時的一線生機；」又恰如巴列霍（César Vallejo）所說，正好是「悲劇性與喜劇性之間辯證的交彙點」[71]。具有反諷意味的是，這個讓人悲喜交集的「辯證法」，這個面孔猙獰的「嘲弄」和「一線生機」，它最大的才華，就是證明我們在生存境遇上的絕對無奈。讓夢鄉的腰部受到傷害，意味著詆毀直至廢除夢鄉的繁殖能力；夢鄉的繁殖能力則直接意味著對自由、未來、前景的生產……總之，夢鄉的腰子或「『聖』（腎）地」受損，意味著跟無政府主義相關的一切東西，終將胎死腹中。這情形，跟土肥原賢二沒有被他父親射在臥室的牆上剛好相反……

　　令人更加沮喪和難堪的是：在夢與醒之間，恰如「吊詭」的莊子所說，不可能有任何客觀界限存在。「昔者莊周夢為蝴蝶，栩栩然蝴蝶也，自喻適志與！不知周也。俄然覺，則蘧蘧然

---

[70] 李丹：《怨男既沒，詩道安行》，《粵海風》2010年第3期。
[71] 參閱塞薩爾・安赫雷斯（Cesar Angels）：《塞薩爾・巴列霍的幽默》，範曄編譯，唐曉渡等主編《當代國際詩壇》第一輯，作家出版社，2008年，第29頁。

周也。不知周之夢為蝴蝶與，蝴蝶之夢為周與？」[72]莊子令人震驚的想像力、讓人詫異的言辭和結論，夢、醒之間界限的猝然破裂，意味著即使在「心」眼弄出的夢中，我們也不可能真的擁有一個以無政府主義打底的故鄉——因為夢鄉就是現實，小人社會就等同於夢鄉，而夜間的「地球」和白天的「地球」，歸根到底是同一個「混球」。這跟艾斯特哈茲・彼得的斷言實在是太相似了。令我們欣喜的是，恩斯特・馬赫很堅決地站在莊子的對立面，讓我們的故鄉頓時有了活命的可能性：「在我們醒時，要素的相互關係比在我們夢中豐富得多。我們認為夢是夢。當這個過程逆轉過來時，心理的眼界就變得狹窄了，夢與醒的那種對立幾乎完全沒有了。在沒有對立的場合，夢與醒，假像與實在之間的區分是完全無用的、無價值的。」[73]但馬赫站在概念分析角度對莊子的否定顯得毫無分量，他給我們的驚喜和慶倖沒有超過五分鐘，故鄉的繼續存活也沒有超過五分鐘，因為我們還沒到五分鐘，就發現了站在不遠處的狄德羅，他根本不願意給我們的內心以任何顏面，他幾乎是莊子在法國的應聲蟲：「我度過了一個最不平靜的夜晚。夢境甚為奇特。我所認識的哲學家中還沒有一個人指出過清醒與睡夢之間真正的區別。當我認為自己在做夢的時候，我實際上是否醒著呢？而當我認為自己醒著的時候，我實際上是否在做夢呢？有誰告訴過我帷幕不會有一天被撕碎，我會不相信我所做的一切不過是一場夢，而我夢中的一切才是我現實所

[72]《莊子・齊物論》。
[73]馬赫：《感覺的分析》，前揭，第9頁。

做的呢？」[74]按照民主集中制的政治原則，我們不得不沮喪地承認或認可一個不可辯駁的事實：莊子和狄德羅聯手，以二比一的微弱優勢、最經濟的優勢，首先做掉了大鬍子馬赫，接著做掉了虛幻的無政府主義，最後，做掉了我們真資格的故鄉──這就是跟幽默相對仗的「辯證法」、「嘲弄」和「一線生機」嗎？面對這種難堪的局面，卡爾維諾（Italo Calvino）提出了另一個更搞笑、但也更令人心酸的解救方法：「當我覺得人類的王國不可避免地要變得沉重時，我總想我是否應該像柏爾修斯（Perseus）那樣飛向另一個世界？我不是說要逃避到幻想與非理性的世界中去，而是說我應該改變方法，從另一個角度去觀察這個世界，以另外一種邏輯、另外一種認識與檢驗的方法去看待這個世界。我所尋求的各種輕的形象，不應該像幻夢那樣在現在與未來的現實生活中必然消失。」[75]很明顯，卡爾維諾採用的，是一種典型的「掩耳盜鈴戰術」，連「三十六計」都不屑於、也不好意思笑納於自己的體內。這種型號的解救，還他媽的不如不解救呢──但這僅僅是因為「凡我放不下的，必是我擁有不了的。」[76]

　　……高適，長鬍鬚的兒童祖先，你最終跟我們──你天天必須消滅鬍鬚的後裔──遇到的險情幾乎完全相同：面對普遍的小人社會、囂張的陽的世界，按照我們的內心欲求，理應得到一個真正的故鄉或「夢魂」，但它依然存在太多的缺陷，急需完善和改進；和睦、美滿、豐盈的「黃金時代」和「小國寡民」，依然

[74]　《狄德羅美學論文選》，張冠堯等譯，人民文學出版社，1984，第502頁。
[75]　卡爾維諾：《美國講稿》，蕭天佑譯，譯林出版社，2001年，第322頁。
[76]　參閱佚名：《2010年最新搞笑語句》http://tieba.baidu.com/f?kz=736951908，2010年6月17日訪問。

無法成為我們夢中故鄉的有機整體，何況莊子、狄德羅從吊詭的角度，為我們奉獻的真相在一旁虎視眈眈、含苞待放。我們是不是在初夢之後趕了幾十上百萬年路，到現在，才萬里長征走完了它的第一步？但記住吧，高達夫，在我們這些不思進取的失敗主義者看來，歎息並不是天使的特權和專利。還請原諒，作為一個擁有手機、坐過高速列車和飛機的人，我要在命運高聳的矽膠乳房上，在它「得瑟」著的時刻，在它的核心地帶、西門和每一個拐彎處，擅自「哆嗦」一下……

三、夢神，卑微的夢神

　　或許是出於對未知之物的好奇，或許是我們這些「必死者」對生命無常的恐懼，或許，僅僅是咱們中國人永遠的家長裡短和喳喳唧唧？反正，華夏先祖總是樂於為每一類事物認領一個恰如其分的神祇。作為大自然一個醒目、打眼的組成部分，一行被刻意突出的黑體字或繁體字（而不是馬克斯・舍勒所謂「自然的死胡同」），我們初民級別的祖先迎頭撞上的情形，正合阿多尼斯所言：「如果沒有創造神靈，我們就會死去。」對此，撒母耳・詹森博士不早不遲，臨終前才道出了謎底，附帶著，還替我們預先哀歎了一把：「吾人，將死之士也。」（I am moriturus.）和詹森相比，韓愈給出的答案很有些王顧左右而言他的做法：「上之性就學而愈明，下之性畏威而寡罪。是故上者可教，而下者可制也。」[1]──但用阿多尼斯自信滿滿的「創造」一詞，去替換先民們虔誠、謙遜的「認領」，大有可能是褻瀆神靈的語言交通事故。在初民們質樸的想像中，無論是否受到歡迎，每一個神祇都是路易士・阿爾都塞（Louis Althusser）所謂的「活動性係數」[2]，都照例擁有不可思議、無法讓渡的魔力。十一世紀的維吾爾學者麻赫默德・喀什噶里甚至談到過一塊具有巫術能力的

---

[1]　唐・韓愈《原性》。
[2]　阿爾都塞：《讀〈資本論〉》，李其慶譯，中央編譯出版社，2008年，第102頁。

石頭——亞特（yat）。為了祈雨求風，篤信真主的穆斯林不惜求助於那塊石頭。麻赫默德‧喀什噶里說：「我在牙格馬人那裡親眼目睹過這一習俗。當那裡發生一場野火時，為了撲滅野火便施行了這一巫術，依照真主的旨意，大夏天降了雪，我眼看著野火熄滅了。」[3]如同「巫術」（Wicca）的古英語詞根擁有「型塑」（to form）事物、讓事物向下「彎曲」的本領，神祇，那麼多來無影、去無蹤的神祇，各司其職，卻又總是被認作對萬物的型塑、守護，或有時候對世界不懷好意的毀滅——上帝的仁慈和他親手策劃的大洪水，或許就是最著名的神學案例。很顯然，耶和華是集「型塑」和「毀滅」於一體的最大神靈，但他真的是古羅馬人既稱頌又恐懼的雅努斯（Janus）嗎？作為埃利亞斯‧卡內蒂（Elias Canetti）心目中天上的「大腦殼」，而不是全世界無產階級的革命導師列寧[4]，上帝擁有如此多變的面孔，神靈接管了出爾反爾、朝三暮四的壞脾氣，當然是有原因、有道理的。「天作孽，猶可違，自作孽，不可活。」[5]在人、神和天地之間，孟「亞聖」看起來所指明確的表述，到底指稱著什麼、意味著什麼呢？

聖奧古斯汀（St. Augustine）在濃郁、茂密的神學氛圍內，自信滿滿地說過：「自戀是對上帝的不敬。」（Amor sui usque ad contemptum Dei）但艾斯特哈茲‧彼得，這位來自歐羅巴腹心地帶的後現代主義者，前革命性國家（即匈牙利）中的被革命

---

[3]　麻赫默德‧喀什噶里：《突厥語大詞典》第三卷，校仲彝譯，民族出版社，2002年，第1-2頁。
[4]　埃利亞斯‧卡內蒂：《獲救之舌》，陳恕林等譯，新星出版社，2006年，第198頁。
[5]　《孟子‧公孫醜上》。

者，大難不死、重新活過來之後，卻腆著臉、叉著腰，嬉皮笑臉地要跟他們的神學大師扳手腕。他很認真地開玩笑說，奧古斯汀是否想過，上帝是否想過，假如我們將sui（自己）替換為Dei（上帝），結果將會怎樣[6]？讓人倍感驚訝的是，這等處心積慮、不懷好意的替換，這種純屬比拼智力的文字遊戲，卻有足夠的能力，揭示神性和人性之間的不對稱性，附帶著，還暗示上帝擁有傑出的算計才華。耶和華說，如果他能在偏僻之地索多瑪（Sodom）發現十個正人君子，就不打算毀滅它[7]。上帝真是個偉大的數學家！但他首先是將數學倫理化了。他會不會是倫理-數學，這門悖論性學問的發明者和奠基人？被倫理化的數學會不會搖身一變，成為布羅代爾諷刺過的「年少氣盛的『定性』數學」（mathématiques qualitatiwes）[8]？對此，數學大師們盡可以私下去討論；而劇作家艾倫·貝內特（Alan Bennett）倒是情緒激動、直言不諱地透露了一個人盡皆知的小道消息：「不論上帝是什麼，當然，他是一切，但絕不是傻瓜！」[9]上帝啊，他怎麼可能是我們四川人鄙夷的「瓜娃子」呢？難道上帝還會腦子進水嗎？或許正因為如此，在許多人的念想和渴望中，如果將「神」（God）倒過來看，也不過是奸詐的「小人」（dog），很是精於計算——這是小人社會對神靈所持有的實用主義態度，也是小人社會焦心面孔的上佳寫真。小人社會嘛，就如同它的字

---

[6]　艾斯特哈茲·彼得：《赫拉巴爾之書》，前揭，第200頁。
[7]　參閱《聖經·創世紀》18:23-33。
[8]　費爾南·布羅代爾：《論歷史》，前揭，第27頁。
[9]　參閱約翰·鮑克（John Bowker）：《神之簡史》，高師寧等譯，三聯書店，2007年，第6頁。

面意思那樣，總是興致勃勃地樂於「削平」運動，樂於將所有高大的神靈澈底小人化，以便對稱於它斤斤計較的小心田，滋潤與迎合它叮噹作響的小算盤。小人社會的做法，很有點德·昆西（Thomas De Quincey）指控過的某種人類本能：它「湮沒了人類的其他特徵，並且能夠將偉大的人貶低成『可憐的任人踐踏的甲蟲』」[10]。就這樣，在小人社會合乎情理的念想——而不是妄想——中，人神之間，展開了一場類似於「低調開房，文明叫床」的拔河運動，以至於早在1923年，美國記者門肯（H. L. Menken）就為加入到「新生活運動」中的諸位神靈，提前舉行了一個紀念儀式，鼓勵它們為小人社會做出新貢獻，以便贏取它與時俱進、不落伍於時代的好品質。這是不是所有神靈在小人社會的必然結局？它們擁有如此糟糕的下場，卻當真「還在給傻逼織毛衣」嗎——就像一首流行歌曲唱過的那樣？

　　佛洛德博士揭發過一種褻瀆神靈的好法子，特別簡單易行：基督的畫像，居然被放置在兩個竊賊的畫像之間，只因為不信上帝的西方人，早就發出了「救世主的畫像在哪兒」的疑問[11]。他們究竟是把基督當小偷看待，還是在他們心目中，只有小偷才在虔誠地供奉耶和華的獨生子？這的確是個讓人頭皮發麻的問題。和上帝被始亂終棄，但又從未乾乾淨淨退出人類生活的命運軌跡大為不同，在中國，渺小的夢神，超低空飛行的神靈，從一開始，似乎就是不受待見的神祇，是妖孽一類的怪物，是可以隨意

---

[10]　德·昆西：《論謀殺》，陸平譯，江蘇教育出版社，2006年，第5頁。
[11]　佛洛德：《詼諧及其與無意識的關係》，常巨集等譯，國際文化出版公司，2007年，第74頁。

玩弄的劣質器械，幸運或不幸地擁有很多不同的面相和名號，是令人不快的小道消息的傳播者和告密者，是華夏民人主動為眾多夢境「認領」的一個劣等神……夢神在它出生的那一刻，就預先爬在神路的盡頭，等候輸得渾身赤裸的上帝和其他神靈，以便一同走向失敗的最高段位。神在被逼無奈之下，也會像毯不囉嗦之人一樣，把失敗當作值得追求的目標，玩起了破罐破摔、借酒發瘋的遊戲。瞧，我們土生土長的神祇很單純，很幽默，很勇敢，也很善於自我嘲諷，像滿臉無助的全體中國人，有十足的勇氣，預先將自己置於命運的荒誕之中：夢神出生的目的，它必不可少的人間義務，好像就是為了獲取我們對它的厭惡，而不是其他——但「其他」又是什麼意思？背景模糊、來歷不明的「其他」，當真值得稱道嗎？事實上，夢神的如許品質既不值得頌揚，也不可能是它的本意——神被人舉薦、提拔和認領，就是為了被崇拜、被供奉，它意味著叩頭、跪拜、虔敬和令人心醉神迷的香火，難道還會是「其他」稀奇古怪的玩意？難道「太陽是月亮擺設的一束假花」[12]，就像玄學詩人華萊士·史蒂文斯（Wallace Stevens）詠誦過的那樣？

　　和我們不受待見的夢神相比，古埃及的同名神靈就顯得幸運多了。它擁有寬敞、高大、宏偉的神廟（神廟的名字叫serapea），以供喜歡做夢的崇拜者頂禮膜拜。而雅好衛生、素有潔癖、管住了肛門叫聲的基督徒，卻跟我無神論的華夏同胞一樣，對夢神持蔑視的態度，還給它取了一個醜陋、難聽的名號——噩夢鬼

---

[12] 華萊士·史蒂文斯：《垃圾人》，史蒂文斯：《最高虛構筆記》，張棗等譯，華東師範大學出版社，2009年，第138頁。

（Nightmare demons）[13]。幾乎所有的基督徒，都被他們信奉的教義蠱惑著認為：「魔鬼騙人的能力很高強，而且都相信魔鬼能夠喬裝打扮混入夢中，灌輸觀念。馬丁‧路德（Martin Luther）為模棱兩可的夢所困擾，他祈禱不要再得到上帝的資訊，免得與魔鬼的資訊混淆。」[14]與馬丁‧路德至少擁有表面上的相似性，清人錢泳對中國夢神的頑劣品行也十分不滿。他憤憤不平、引經據典地斥責說：「語又雲：日之所思，夜之所夢。余平生無妄想心，而所夢者，皆非所思也。豈夢神故做狡獪，以揶揄弄人耶？」[15]錢某人修身養性的功夫不到家，裝神弄鬼，躺在「丈二」的床上摸不著頭腦，卻搓著自家「老二」胡亂瞎夢，給自己尋找可以放浪的故鄉，反而惡人先告狀，把夢鄉之中有違白天律令的大小事故，全嫁禍到夢神頭上。小人嗎？卑鄙嗎？當然不，錢某人的做法，正是小人社會君子風度的標準造型，不值得我們為之做出任何驚訝的表情，畢竟在陽的世界，大寫的「小人」和小寫的「君子」，總是彼此相屬、互為鏡像——它們才是貨真價實的堂兄弟呢。

　　古羅馬詩人普羅佩提烏斯（Propertius）很自信地說：「神明和那不祥的日子也會變化」[16]。但什麼是「神明」和「那不祥的日子」？什麼又是「變化」？該怎樣定義它們，又該從哪個角度看待它們的內在紋理？與人的處境十分相似，「神明」在很多時候，也擁有太多「不祥的日子」，也會顯得極為無奈，需要小

[13] 參閱保羅‧紐曼：《恐怖：起源、發展和演變》，前揭，第9頁。
[14] 梅芙‧恩尼斯等《夢》，前揭，第39頁。
[15] 清‧錢泳：《履園叢話》卷二十二。
[16] 普羅佩提烏斯：《哀歌集》，王煥生譯，華東師範大學出版社，2006年，第195頁。

心照顧下界、凡間太多的壞脾氣和小雞肚腸，但依然會迎來不同級別的怨氣與仇恨。在中國，皇帝的怨氣無疑型號最大，也最為猛烈與火爆；皇帝陛下的仇恨，則足以毀滅世間所有的神靈。準皇帝，大西王，也就是那個混球一樣的張獻忠（他就是本質上的混球！），順治元年六月二十三日攻破重慶時，就怒氣衝衝地朝天開炮，對老天爺完美地表示了純屬他個人的抗議[17]。

　　因為歷史悠久、眾口難調、壞脾氣和小雞肚腸的型號與花樣過於繁多，中國的土著夢神有過太多的名字、面孔及其亞種。它眾多來歷不明、背景不清的「異名」（heteronyms），甚至可以組建一個名稱網路、名稱的小方陣——但它究竟供誰檢閱？誰又有資格檢閱它？而在所有「異名」中，最具邏輯擴大化的，或許是聽起來古怪的「趾離」[18]。對此，精研中國夢文化的劉文英先生有過頗富想像力的猜測：「夢神的腳趾可以離地，因而到處漫遊，使人致夢。……臨睡前呼喚『趾離』之名，那你的夢將『清潔鮮美』而吉利。」[19]看起來，夢神趾離是難以高飛的。它長有別具匠心的腳趾，只能依靠較為強勁的彈跳力進行超低空飛行；飛行的姿勢也很可能不那麼雅觀，像跳躍著行進的湘西「趕屍」人一樣搞笑。被我們「認領」的神靈願意聽從凡人的吩咐，樂於被凡人的花言巧語所蠱惑，情願受制於人類的聲道——而不是產道——同空氣摩擦弄出的噪音，實在是件不可思議的事情。對此，被狄德羅稱作「湖邊的老土匪」的伏爾泰（Voltaire）杜

---

[17]　參閱費密：《荒書》。
[18]　參閱唐・馮贄：《記事珠・夢神》、明・無名氏：《致虛閣雜組》。
[19]　劉文英等：《夢與中國文化》，前揭，第409頁。

撰的某幾何學家，好像是對症下藥般說過：「一切都源於吸引力。」[20]這位被虛構出來的法國籍幾何學家，在跨越時空之後，簡直是當下中國人的先知：正是由於人、神之間嚴重缺乏「吸引力」，由於「吸引力」處於因情況變化而變化的某種函數關係當中，我們不僅善於矇騙同類，更善於依靠倫理數學和定性數學，對神靈採取欺詐手段，讓它們乖乖就範，恰如阿多尼斯的睿智之言：在我們鮮花怒放的祖國，「欺騙，如同空氣和陽光，無處不在。」[21]而親切地、貌似多情地稱頌神祇的大名，就是欺騙神祇的最佳方式。這種軟綿綿、嗲兮兮、有如故鄉和親人般的聲音，意味著我們把神祇當作了自家人，何況社會學家奧森布魯根（Van Ossenbruggen）早就抽了這種做法的「底火」[22]：「給人及神的禮物目的也在於購買平安。」[23]這是所有中國神靈的共同命運與經驗，好在它們對自己居住的函數宅屋已經習以為常、見慣不驚。或許，八大山人頗富禪意的詩句，可以安慰倍受矇騙的神靈：「空中泡影虛追跡，局內機緣假認真。」[24]問題在於：這種「九淺一深」或「老漢推車」式的語言撫摸是否當真管用？它是不是欺騙神靈的又一種法子，又一種更富機心的花樣？

　　古老的夢神，被貶低、被流放的趾離，在被科學搞得風清月明、水落石出的當下世界，早被認為不再具有任何神性和魔

---

[20] 伏爾泰：《伏爾泰中短篇小說集》，曹德明譯，譯林出版社，2000年，第233頁。

[21] 阿多尼斯：《阿多尼斯詩論兩篇》，薛慶國譯，唐曉渡等主編《當代國際詩壇》第2輯，作家出版社，2008年，第97頁。

[22] 蜀語，意為底牌、答案和祕密。

[23] 參閱馬塞爾·莫斯（Marcel Mauss）：《禮物》，汲喆譯，上海人民出版社，2002年，第27頁。

[24] 清·八大山人：《無題》。

力，除了它上當受騙太多，顯得麻木不仁、絕望透頂外，還很可能是古今音韻發生劇變化的結果。早在詩人柏樺所謂「哲學如雨，科學不能適應」[25]的清朝，就有性急之人忙不迭地宣稱，夢神已經隱匿、退席、不問世事：「清宵懷夢空懷卻，畢竟趾離無據。」[26]按照英美新批評主將蘭色姆（John Crowe Ransom）的話說，那是因為華夏夢神和慘遭西方人戲弄的上帝命運相仿，被認為再也不會給他的「選民帶來無數的鵪雞和無盡的神糧」[27]。雖然中國人的音調在時光流逝中被不斷磨損，變得越來越尖利，但趾離並沒有因為某些人對它視而不見就自動消失、隱退和下野——它還在有規律、有原則、有底線地四處遊蕩，還在觀望我們的起居、繁衍與眾多的鬼鬼祟祟，只是聽不懂我們呼喊它的聲音了。我們今天的嗓音，由於小人社會的極度囂張不得不帶毒、帶刺，不得不夾槍帶棒；我們粗糲的聲帶，早已劃破了古音柔軟的肌膚，趾離因此乾脆對我們的呼喊充耳不聞。沉默或被性急之人認為的「趾離無據」，這是你保護自己或贏得尊嚴的方式嗎，被溫柔的、假冒的鄉音脅持與哄騙的夢神？

渴望成仙、仰慕「真人」境界和「至人」狀態的道教和道士，樂意將夢神當作卑鄙的妖魔鬼怪來看待：「道言夢者魂妖，或謂三屍所為，」[28]拒不承認趾離的神位。出於為自身教義的未雨綢繆考慮，道教對趾離誤解很深、偏見很重，也似乎最為仇恨，還不無惡意地給它取了一個古怪、離奇的綽號，或又一個

25　柏樺：《在清朝》，柏樺：《往事》，河北教育出版社，2002年，第66頁。
26　清·沉信：《買陂塘》。
27　蘭色姆：《新批評》，王臘寶等譯，江蘇教育出版社，2006年，第132頁。
28　唐·段成式：《酉陽雜俎》卷八。

「異名」——「三屍」神。因為「三屍」作祟，才有擾亂「真人」心緒和「至人」心境的夢象破土萌芽；一個人要想成為「真人」或「至人」，夢神就是需要嚴加防範的怪物。李澤厚對此有過不失厚道的譏刺：「『至人』當是一念不生，一塵不想，免除和殺死一切想、夢的人？殺死之後，又仍活著，便如行屍走肉，不如真的自殺。」[29]在道教斤斤計較、自以為算無遺策的小雞肚腸中，在它的人體宇宙論的特異想像和靈感中，趾離被一分為三，卻並未因此像老子指望的那樣成就萬物，生出花花大千世界；「三屍」神不僅有上、中、下之別，還各有名字、各有嗜好，挑逗著我們隨身佩戴的欲望，讓我們在夢鄉中為非作歹、顛鸞倒鳳、為所欲為，貪吃、好色、精於算計，讓夜間地球迅速被無政府主義的意識形態全面侵佔。張君房十分篤定地說到過被一分為三的趾離：「上屍名彭倨，好寶物；中屍名彭質，好五味；下屍名彭矯，好色欲。」[30]據自稱目擊者的張君房指認，這三個鬼鬼祟祟、各有嗜好的傢伙，挑逗了我們蓄勢待發的欲望，刺激了我們等候刺激的胃口，讓狄德羅所謂「性欲的尖兒」，眨眼之間，就成長為參天大樹，讓白天地球上耷拉著腦袋的軟塌塌的傢伙，在夜間地球上，迅速搭起了高高聳立的小帳篷，很色情，很誘人；毛茸茸、濕漉漉的寫意性植物，像戰無不勝的五星紅旗，插遍了夢中大地——廣義地理學必須加以重視的陰霾球體，趁機達到了「祖國山河一片紅」的高邁境界。但這樣的滑稽境況，這個滿臉橫肉的惡狠狠的時辰，顯然迷亂了候補「真人」的心智，

29　李澤厚：《人類學歷史本體論》，天津社會科學院出版社，2010年，第2頁。
30　宋‧張君房編撰：《雲笈七籤》卷八三。

以至於妨礙他們成為「真人」和「至人」，讓他們的身體變成了一座淫邪的軍火庫，黃、毒、賭俱全，就像長句人生觀主謂賓、定狀補配備完好，卻距離仙人和長生的境界或狀態愈來愈遠⋯⋯

　　在道教自以為縝密的小念想中，三個妖魔鬼怪還「入」人至深，它們居住的宅屋，它們安居其間的府邸，都是人體上常委級別的部位。它們因此有能力掐住人的七寸，讓人的身體因欲望長久糾纏而無法動彈，還不斷敦促我們在黑漆漆的夜間，迅速滑向赤腳大仙（即蘇格拉底）痛斥過的地獄境界。像薩特說「黑的」一詞的詞根不是「黑的」一樣，道教也皺著眉頭，但又毫不猶豫地說：「上屍彭倨居人頭上⋯⋯中屍彭質居人心後⋯⋯下屍彭矯居人下丹田⋯⋯在人小腹去臍下三寸，卻入腹三寸七分。」[31]在數學的道教學派（而不是倫理數學或定性數學）眼中，在「三寸」和「三寸七分」的護佑與修飾下，這該是些什麼級別的部位啊。實際上，它們都是組成我們身體的諸多器官中的帶頭大哥，是中央器官委員會的常務委員。三個傢伙像訓練有素的間諜，潛伏在這些要害機構的內部，暗自興風作浪、橫衝直撞、大鬧天宮，幾乎成了引誘肉體顫抖的春藥、激發邪惡迅速腫脹的加速器。在它們的挑逗下，夢境像春宮圖一樣，不斷在黑夜閃閃發光，讓我們貪財、耽於口腹之樂和色欲，恰如萊斯・克蘭茨（Les Krantz）壓制著反胃的意念，指著某種爬蟲所說的，還有什麼「比看見蟑螂在自家廚房裡一溜兒小跑更令人恐懼的」事情呢[32]？雖然沒多少機會瞻仰蟑螂的克蘭茨太矯情、太小資產階

---

[31]　宋・張君房編撰：《雲笈七籤》卷八三。
[32]　克蘭茨等：《世界上最糟的：美國人眼中的瘋人蠢事》，盧葳譯，三聯書店，

級，讓見過過多蟑螂的我們瞧他不起，但無論如何，有三個獐頭鼠目般的傢伙從旁慫恿和催促，我們在夜間的地球上不設法滿足自己的欲望、不讓自己被無政府主義控制心扉，既不可能，也對不起它們的教唆——在「內視」中，我們必須親眼目睹醜陋、邪惡的蟑螂，「一溜兒」跑過我們的身體、思維和記憶的天花板。

在此，出於對馬丁·海德格爾（Martin Heidegger）的私下敬意，有必要修改他的名句以便為我所用：「只要人一味地獻身於有意的自身貫徹活動，那麼，就不光人本身是無保護的，而且『神』也是無保護的，因為『神』已經成為對象。」[33]志在長生、成仙的道教和道士，在不斷對趾離進行妖魔化的過程中，也採取了類似於「宜將剩勇追窮寇」的「無產階級革命精神」，公然將夢神僅僅當做被動的「對象」，而不是自決的「主體」。承道教的盛情，它在百忙中，還不忘畫龍點睛，著重向我們這些天天做夢的人，報告了夢神最惡劣的德行：趾離被一分為三後，雖然未能成就世界、開出萬有以及花花大千世界，但彭倨、彭質、彭矯作為春藥、攪拌機和激發邪惡的加速器，卻不但誘惑我們做夢、催促無政府主義儘快出場、派送給我們一個原裝的故鄉，還是天帝特意差遣的情報人員，把它們誘惑我們上當受騙而成就的罪過，全部當作我們自己的罪孽，並在每個月的「庚申日上讒於帝，請降災禍於人」[34]。像它「心機」繁多的開山老祖（即老子）一樣，道教在此「機心」畢現：一分為三的趾離，早已被迫

2006年，第206頁。
[33] 海德格爾：《林中路》，孫周興譯，上海譯文出版社，2008年，第278頁。引文中的「神」，在海德格爾那裡應該是「物」。
[34] 宋·張君房編撰：《雲笈七籤》卷八二。

脫去了卑微神靈的破長衫，搖身一變，成為天帝派往凡間的密探，類似於——僅僅是類似於——共和朝的大學資訊員，「庚申日」則是它們最忙碌的日子，是向天帝秉公述職的時間段落。在道教碩大無朋、明察秋毫的「只眼」中，作為「魂妖」和天帝之鷹犬的彭氏三兄弟，僅僅在為天帝釣魚執法」——罪犯是「魂妖」或鷹犬刻意製造的尤物，鷹犬或「魂妖」卻拒不對此擔負任何責任，它們就像威廉·布萊克（William Blake）在鄙夷刀劍時說過的那樣：「刀劍他唱著死亡之歌，／但他唱不出鐮刀的收穫」[35]。心思縝密、追慕長生的道教，還有它的信奉者，不屑於「鐮刀」經過勞作「收穫」的玉米、水稻或小麥——它提倡「辟穀」，反對「鐮刀的收穫」與腸胃合盟而變作穢物；但道教抹黑彭氏三兄弟這一招，既高明，又陰損，因為世上沒有任何人喜歡告密者，何況還是如此卑鄙、格調如此低下的告密者呢？仰仗這一手，道教既成就了自己告密者的告密者身分、冒名頂替了《皇帝的新衣》裡那個勇敢的小男孩，附帶著，還加劇了我們對夢神的鄙夷和恐懼。就這樣，趾離在遭到華夏民人貶低、脅持和欺詐後，又在自稱清靜無為之道教的追捕與詆毀中，獲得了雙倍猶大的身分。它難道真的還有出頭之日嗎？道教為什麼要惡毒攻擊我們的祖先為自己「認領」的夢神呢？

　　在道教迷宮般的帳房內，在帳房內小算盤錯落有致、鏗鏘清脆的滴答聲中，趾離被妖魔化的唯一目的，僅僅是為了讓它被剿滅。它被認為擾亂了道士們——而不是戰士們——的心神，間

---

[35] 威廉·布萊克：《布萊克詩集》，張熾恒譯，上海三聯書店，1999年，第117頁。

接破壞了他們長生與成仙的美夢。在道教審慎有加的小思謀中，關鍵的「庚申日」，咽喉要道和奈何橋般致命的「庚申日」，是它的信奉者針對夢神痛下殺手的日子。一分為三的趾離向天帝打小報告——或稱秉公述職——的好時辰，就是趾離的死期；明年的「庚申日」，則是夢神的祭日。在掌握人間秘笈的道教眼裡，修理和剪除「三屍」神的動作要領十分簡單，很容易被朗朗上口地落到實處：在「庚申日」這一天，所有道士都得提高道家的革命小警惕，雙眼圓睜，將瞌睡盯緊、防死——就像生死搏殺的足球決賽——然後，求助於某種至今不為我們知曉的神祕意念，突然施展神力，揮舞得道之劍，恰如劉文英先生替道士們概括的那樣，「第一次斬下屍，第二次斬中屍，第三次斬上屍。」[36]而「三屍皆盡，司命削去死籍，著長生錄，上與天人遊」[37]。由此，道士們不動「聲」、「色」的「真人」狀態指日可待，連掌控人類壽元長短的「司命」之神，也得臣服於道士們手中的桃木寶劍，向他們熟稔的人間秘笈舉起雙手、亮出白旗；而道士們剛剛榮膺「不死」稱號的肉身，馬上就能比「閃婚」還要疾速地「閃」入永恆之中，獨享極樂之美。他們身體上的常委部位和帶頭大哥，就此獲得了空前的大解放，曾經像我們凡人一樣被死死按住的「七寸」和「練門」得到了解脫，從此，能夠抖動寬闊的翅膀，像得意逍遙的鯤鵬，扶搖直上，奔向生命的大快意和大高潮，直到崑崙山的最高峰。對此，陳摶老祖的輕聲讚美來得既及時，又恰切：三屍被滅，則「五臟之靈光夜燭也，三魂寧

---

[36] 劉文英等：《夢與中國文化》，前揭，第439頁。
[37] 宋・張君房編撰：《雲笈七籤》卷八二。

者，夢寐滅也」[38]。真奇妙啊，比輸得精光的上帝和其他西方神靈更悲慘，趾離在某些掌握了獨家秘笈——但從未獲取任何註冊專利——的中國人那裡，就這樣匆匆走完了它的神路，耗盡了作為神靈的全部命運、底牌和籌碼。這情形，宛若聖－瓊·佩斯（Saint-John Perse）年輕時無法被遏制住的怒吼：「一條偉大的暴力原則向來左右著我們的風尚！」[39]

很顯然，佩斯的憤怒來得既悲觀，也過於誇張了一些，因為神祇之所以為神祇，端在於它的不死特性——神是天空的領主，不像我們，僅僅是地面短暫的寄居者。我們即使可以上天，也需仰仗飛機一類的外物——唯有以天空為領地的事物，才是不死、不朽的事物。關於這一點，精研上帝和神學的聖奧古斯汀，比誰都心知肚明：「任何時間的間隙對上帝來說都是不必要的。」[40]——只因為連不可戰勝的時間，都出自於上帝之靈。雖然時間最隱蔽的含義是死亡的測量儀或別名，但它跟包括趾離在內的所有神靈都沒有關係：時間是造物主為萬物設立的幕布或障礙，不是為神靈準備的禮物。中國的夢神之所以卑微、滑稽，令我等毯不囉嗦之人同情，能被人生遊擊主義分子和投機倒把者隨意貶低、脅持和鄙薄，僅在於它被認為有機會喪命於少數優質凡人之手，被認為不是某些超級活人的對手。具有反諷意味的是：趾離匆匆走過的神路，最多不過是一條準犧牲者的等高線，根本不值一提，更不可能影響趾離的神性和魔力，也不意味著夢神真

---

[38] 參閱明·無名氏：《至遊子·黃庭篇》。
[39] 聖－瓊·佩斯：《聖－瓊·佩斯詩選》，葉汝璉譯，吉林出版集團有限責任公司，2008年，第66頁。
[40] 奧古斯汀：《上帝之城》，王曉朝譯，人民出版社，2006年，第484頁。

的會撞上「進化的死胡同」，而不是「私生子萬歲」標識出的光輝前程[41]。如今，中國的寺廟和道觀早已把「名山」弄成了「名塵」，把澈底的「出世」，弄成了羞羞答答的「入世」，最終，卻被功利一箭命中，被交易市場腫脹、歡快、瘋狂的數字成功俘獲。在息壤一樣見風即長、不知限度的腐朽帝京——曼傑什坦姆（Osip Mandelstam）正確地稱其所有同類為「淫穢的首都」——我曾在許多高朋滿座的酒局上，見到過太多的活佛與道長。他們居然願意同我這種俗人眉來眼去、推杯換盞、交談甚歡，還能正確理解某個角落傳來的響屁聲中蘊含的深刻寓意；讓人更為驚訝的是，他們還能正確把玩美人在酒桌上，擠弄出的小酒窩和小淺笑。在「三屍」神最為忙碌的某個「庚申日」之夜，我還在帝京一個著名的酒局上，屏住呼吸，親眼目睹過幾位鬚髮飄飄的道長，當眾給食客表演武當劍術。它精湛、飄逸、灑脫，隱隱還有幾絲得道的真跡。看得出來，他們的寶劍對「三屍」神毫無興趣；那把飽含人間秘笈之神韻的三尺龍泉，僅僅在向滿屋子食客，還有招待我們的偽孟嘗君點頭致敬，表示著謙恭的謝意，就像誘發老聃之「道」「被」出生的流水那般柔軟、纏綿，而且含情脈脈。那一刻，我真為還在屋外超低空飛翔的趾離感到欣慰，覺得自己多此一舉，沒有必要擔心它的命運——如今，倒是「真人」和「至人」的繼承者或候選人，一頭撞上了「進化的死胡同」，而不是馬克斯·舍勒所謂「自然的死胡同」，從此，和「私生子萬歲」絕緣，拒絕同生物學上的「雜種優勢定律」有染。

41 費爾南·布羅代爾：《地中海考古：史前史和古代史》，蔣明煒等譯，社會科學文獻出版社，2005年，第25頁。

　　沒說的，道教替我們辨識出的趾離的勾魂之聲，依然有效、依然沒有過時。和朱莉亞・克利斯蒂瓦（Julia Kristeva）所謂西方的「神論既不是言語，也不是藏匿，而是示意」[42]大不一樣，中國的夢神在道教的詆毀與誹謗中，發出了難聽的「束束」[43]之聲。它勾人心魄的恐怖特性，依然還在威脅我們，還混跡於我們的睡夢，在干擾、侵吞和降低我們睡眠的甜美度——但善良的契訶夫，還有搞不清夢、醒界限的莊子和狄德羅，會同意這等說法嗎？這個從天界來的神靈——不是保羅・策蘭（Paul Celan）所謂「從德國來的死亡大師」[44]——決不是天帝派出的暗探。它肩負重任，至今還在夢中尋找它想要尋找的人：趾離會在它認為恰當的時刻，發出勾魂怪叫（即「束束」聲），將某些該死之人引入死地，將某些必須倒楣的人，帶往倒楣自身傾心以就的居所——夢神這麼做，肯定有它的道理，只是遠遠超過了我們「三寸丁」般矮小、低級的理解力。我們怎麼可能猜到神的心思？是啊，「神明」呢？那「不祥的日子」呢？它們又該蜷縮在哪個或幽暗或明快的角落？帝京喧鬧的酒局、寬敞的飯廳、滿屋子酒香和裝模作樣的美女俊男們，讓我恍然大悟：能夠抵禦「束束」聲的人，只會越來越少、越來越少。此中情形，或許早已被新批評的代表人物布魯克斯（Brooks）一語道破：「清教徒的酒潑翻之

---

[42] 朱莉亞・克利斯蒂瓦：《漢娜・阿倫特》，劉成富等譯，江蘇教育出版社，2006年，第72頁。

[43] 段成式認為，夢鬼的聲音為「束束」，有勾魂之效（參閱唐・段成式：《酉陽雜俎》卷十）。

[44] 策蘭：《死亡賦格》，《保羅・策蘭詩文選》，王家新等譯，河北教育出版社，2002年，第14頁。

後，酒香變成了超驗主義，酒汁變成了商業主義」[45]。但這種喜劇性的境況與結局，又豈止是清教徒才意想不到的？儘管今天似乎用不著懼怕曾經令人聞風喪膽的「束束」聲，但那終究是表面現象，僅僅是因為古今音韻發生了太大的變化——神和人之間的對稱性終歸是存在的，儘管它總是以不對稱的對稱性為存在方式。我們不清楚「束束」聲的「所指」為何物，並不意味著趾離居然忘記了自己的發聲方式，搞錯了勾魂之聲的作用，遺忘了註定要被它挑中的人，進而錯失其使命——這是被貶低、被劫持的神靈，在凡人的全然懵懂之中，對我等實施的報復行為？

好像是為了呼應、見證道教面對夢神的失敗與後繼乏人，宋代僧人釋贊甯提到過一種專門吞吃夢境的神祇，名曰「食夢獸」。依他的描述，這個怪物「莫詳其狀，實鬼也。好食人夢，而口不閉，常伺人凌晨說夢，善惡依之。故君子慎說夢話也」[46]——因為很可能只有夢話，才算得上童叟無欺的真言或「心靈之言」（the language of the soul）[47]。但究竟是對夢境「善」耶「惡」耶的鑑定，取決於食夢獸的脾性和心緒，還是食夢獸在依照夢境本身的「善惡」，不變原味地吞吃夢境，抑或食夢獸直接就是夢境的檢察官、回收站，是判定夢境或「心靈之言」吉凶臧否的探測器？晦澀啊，歧義啊，與模棱兩可、或兩可皆可的小人社會恰相對稱的漢語！假如考慮到「作者之心未必

---

[45] 參閱丹尼爾‧貝爾（Daniel A. Bell）：《資本主義文化矛盾》，趙一凡等譯，三聯書店，1992年，第108頁。

[46] 宋‧贊寧：《物類相感志》。

[47] 克林斯‧布魯克斯：《精緻之甕》，前揭，第5頁。

然，而讀者之心未必不然」[48]的闡釋學原則，我們最好還是相信
食夢獸的善意和忠實——畢竟神靈的撒謊特性，僅僅出自人類的
誹謗與詆毀。和被道教嚴重妖魔化的趾離相比，情況看起來還算
好：食夢獸基本上是一個遵照「毛澤東思想」行事的、恪守基本
原則的鬼類，極有可能還是祕密打入妖界的候補中共黨員，很有
些「實事求是」的癖好。這在謊言滿天飛的小人社會，顯得格外
難能可貴，至少也是一個不大不小的反諷，迎頭痛擊了小人社會
幾根微不足道的小寒毛——但這仍然是一個值得稱道的勝利。假
如我們繼續信任食夢獸尊重客觀事實的傳統秉性，那麼，它還十
分樂意回到夢境本身，稱得上胡塞爾（Edmund Husserl）忠實的
門徒；或者，是胡塞爾模仿了華夏中土的食夢獸，才有德國現象
學之誕生？在食夢獸「實事求是」的德行和胡塞爾的學說之間，
很可能存在一種極為隱蔽的互探關係，只是我們至今還對此知之
甚少。其實，和中國的食夢獸相比，我們還嫌德國猶太人（即
胡塞爾）過於天真、幼稚呢。對此，詩人周偉馳有過上好的揶揄
之詞：

胡塞爾以為
當他距離一棵樹半公尺
站在那兒一動不動地看半天
他是在回到一棵樹本身……[49]

[48]　清·譚獻：《〈複堂類稿·複堂詞錄〉序》。
[49]　周偉馳：《一棵樹本身》，孫文波主編：《當代詩》第1輯，文化藝術出版社，
　　　2010年，第103頁。

　　偉馳兄抿嘴不笑的幽默和揶揄既不重要，也無傷大雅，關鍵是釋贊寧製造的食夢獸再次發出了聲音、人的聲音、我們的聲音。它是通過聽人「說夢」——不是直接「見夢」——來吞吃夢境的；它讓耳朵和嘴巴——不是眼睛和嘴巴——結成了同盟關係。通過它幽暗、狹長的胃口，經由它充分尊重食物成色而又從不偏頗的食欲，人的凌晨夢話同趾離夜間發出的勾魂之聲（即象聲詞「束束」摹寫出的聲音），取得了聯繫，構成了一種極為隱蔽的對稱關係。但這能降低夢神對我們報復的程度嗎？很可能與釋贊寧杜撰食夢獸的初衷較為相反，正是它仰仗「實事求是」和「回到事物本身」的好品質，勸說了趾離減輕對我們的報復，並為趾離在夢中致人於死地或予人以災禍，提供了更為充足的理由，也為夢神勾魂的準確度，提供了基本保障。情況真是這樣嗎？我們的所有猜測很可能都不正確。因為按其本義，一切神祇都是公正的，決不會被其他亂七八糟的東西左右自己的心智，它很樂意站在「公正」這個辭彙的語義最頂端……但讓我們這些一出生就懷揣小人心性的人放心不下的是：趾離是否像標準的小人那樣，在心情不爽的時刻，作為情緒發洩，站在我們頭頂撒尿，讓我們在猝不及防的瞬間，變作臭烘烘的落湯雞？

　　若干個世紀以前，羅馬教皇利奧十世（Papa Leo X）派多明我會（Ordo Dominicanorum）修道士特策爾（Tetzel），到四分五裂的德國境內兜售贖罪券。特策爾像個成色十足的街頭小販，與我華夏神仙張果老方向相反地正騎毛驢，搖著鈴鐺，用他滿是梅毒的破鑼嗓子不斷叫喊：「只要購買贖罪券的錢一敲響錢櫃，

死者的靈魂馬上就能從煉獄升上天堂。」[50]對此，湯瑪斯・佩因
（Thomas Paine）有過極精當、也極合孤意的冷嘲熱諷：「煉獄
的虛構，通過祈禱使靈魂脫離煉獄的想像，都要花錢去教會那裡
購買；免罪符、特准令和免罪券的銷售均為稅收法律，而且不必
有其名，或不必以那種形式出現。」[51]一眼洞穿事情真相的佩因
很清楚：這等滑稽可笑的境況，不可能是耶和華的意思，而是著
了聖裝之凡人的貪婪與無恥。而在凡人們鬱鬱蔥蔥的小心思和小
盤算中，被利用、被脅持的上帝，在一步步敗下陣來，不斷向其
赤身裸體的境界快速滑行。和西方高貴的神祇一樣——但跟道教
對趾離的誹謗相反——我們土生土長的神祇也不屑於儲藏騙人的
本領：它蔑視躲閃、恍惚，不屑於鬼鬼祟祟拿雙眼的餘光探視人
的面容，測試人的面部神經。我們有時以為它欺騙了我們，但那
僅僅是它滿懷善意地贈送給我們的一個隱喻，一個警告，一個暗
示，一個提醒。神祇以它的隱忍品性，不厭其煩地知會我們：它
不會不教而誅，它有足夠持久和柔韌的耐心，寬容我們的驕縱，
饒恕我們的精於算計。雖然神祇總是傾向於我行我素，但決不會
違背神規、放棄原則，犯不上巴結人、討好人，更不會無端端地
懲罰人。即使偶有失誤，也能及時糾正，保障了人神之間的完美
和諧——《太平廣記》對此有太多記載，麻煩您親自去尋找和翻
看。但人間的食夢獸——不是釋贊寧杜撰的妖界食夢獸——卻是
一個奇特的物種：它的身位，介乎於偽神靈和真禽獸之間；儘管

---

[50]　陳欽莊：《基督教簡史》，人民出版社，2004年，第226頁。
[51]　參閱約翰・哈特利（John Hartley）：《文化研究簡史》，季廣茂譯，金城出版
　　　社，2008年，第169頁。

這個影子一樣的傢伙，至今還遍佈我們的東南西北、前後左右，有時還像嗡嗡怪叫的蒼蠅一樣，環繞、盤旋在我們的頭頂，試圖在我們的髮叢著陸，而我們卻無法在生物進化樹上找到它的恰切位置。同它相比，妖界食夢獸就顯得過於溫順、懇切和真誠——恰如我剛才所說。妖界食夢獸對食物的成色、優劣一視同仁；它傾聽夢話吞吃夢境，僅僅是想營養自己，想讓趾離發出的恐怖之聲同人的夢話相對稱，達致人神溝通、人神相和的境地；而渾身遍佈機心的人間食夢獸卻別有主張、另有所圖。它樂於誇大事實，酷愛過度闡釋的小把戲，「一」在它那裡，「一」且有機會，就是「一萬」或什麼也沒有的意思。妖界食夢獸說服被貶低、被脅持的趾離，減輕或精確了對我們報復的程度——它傾向於量刑適當；人間食夢獸卻在有意加強人間的神祇、人間的「大腦殼」對我們懲罰的力度：這就是過度闡釋導致的結果，也是它樂於看到的小局面。這一切，雖然被鍾鳴含沙射影地揶揄過：「凡事都想拿來作人生的鑒戒時，它早已面目全非，」[52]但我們被懲罰的力度，因為人間食夢獸的恒常存在，從未減低過一分半毫。一位我很不喜歡的中國詩人在一首讚美他父親的詩作中，極為膚淺（主要是詩學上的膚淺）地揭示過這一境況：「夜裡您（即父親－引者注）睡不著，老是側耳諦聽／您悄悄起來，檢查兒子的日記和夢話／像蓋世太保一樣認真／親生的老虎，使您憂心忡忡／小子出言不遜，就會株連九族……」[53]夢話可以成為「株連九族」的呈堂供詞和證據！人間食夢獸的特異功能、它不

---

[52]　鍾鳴：《塗鴉手記》，前揭，第312頁。
[53]　於堅：《感謝父親》，《於堅詩選》，人民文學出版社，2000年，第193頁。

願意「善惡依之」的頑固本性，足以羞煞它的妖界同行……

也許，費爾南多‧佩索阿在上個世紀二十年代的預言早已一語成讖：「眾神不過就是眾神而已，／因為他們不能想像他們自身。」被我們祖先「認領」的神，需要像人一樣自我反觀嗎？洞悉人、神兩界秘訣的佩索阿本來想保持沉默，但他終究對我們的心智水平放心不下，最終，還是善解人意地給出了答案：那僅僅出於人的卑鄙卻又無能、無能卻又過於卑鄙。多年後，佩索阿在另一處解釋說：「人不應該看見自己的眼睛——最陰險的事情莫過於此。人本來有一種天賦，就是看不見它，不能直視自己的眼睛。」[54]神不用反觀自己、不用「想像他們自身」，因為神沒有人那種看不見自己面孔、無法直視自己眼睛的局限性。但人、神之間曾經和諧的關係，還是因為我們品性和心性的大幅改變（而不是神靈拒絕反思），得到了污染與惡化，遭到了致命的株連。對於一貫擅長玩弄或哄騙神靈的中國人，這一局面的到來，可以追溯到遠古洪荒之際。我們的祖先太聰明瞭，他們很早就割斷了天人之間的親密關係，而且很早就知道：在「『人憑神』、『神依人』的神人互惠關係中，外在於人的神從屬於人」[55]。神是他們「創造」出來的玩物，不是主動「認領」的神祇——看起來，阿多尼斯是正確的；相對於陽的世界和小人社會上普遍的事實、鐵鑄的事實，他並沒有言過其實，也沒有膽大妄為，僅僅是道出了真情。在中國，神靈可以被猥褻，被隨意貶低和脅持，彷彿它

[54] 費爾南多‧佩索阿：《不安之書》，前揭，第212頁。
[55] 嶽永逸：《靈驗‧磕頭‧傳說——民眾信仰的陽面和陰面》，三聯書店，2010年，第177頁。

被製造出來，就是「為人民服務」，就是要它聽從我們的「呼告」，以便我們可以不帶任何罪意地「胡搞」。我們呢，則就坡打滾、就鞍上馬，不花任何精力地順杆爬，還趁機把這當作了祈禱。這種山寨版本的虔誠，是我們在一切神祇面前的虔敬姿勢，又豈只趾離才享受過這般又打又拉的小花臉待遇。數千年後，因過度莊嚴、肅穆而達致鬧劇和悲劇境界的「破四舊」，理所當然是「小花臉待遇」迄今為止能夠成就其自身的最高版本──這是華夏民人為地球人做出的第五大發明，值得慶賀，值得驕傲。但它合該享受的待遇，或許剛好是赫爾岑（Aleksandr Herzen）滿臉不屑的神情：「我們不是醫生，我們是疾病。」

　　時間和神靈始終聯繫在一起嗎？它們是否真的平躺在同一張木板床上？沒有不死的「神靈」，我們這些必死的「生靈」和「將死之士」，又將接管怎樣的局面？事實上──的確是事實上──「神靈」和「生靈」之間的修正比總是傾向於無窮大，我們的渺小和滑稽應當不證自明。十幾年前，我勉強還算濕潤，不像今天，如此枯燥乏味，如此令我厭惡。在令人難以忍受的雨水帶來關節炎的上海，我很冒失地說過：「神與人的戰爭總以人的勝利而結束。」[56]至今，我仍然十分惶恐地相信，我很可能僥倖觸及到某個真理的核心部位──畢竟神總是傾向於和時間互為背景與鏡像。我們在理性護佑下，早已割裂了它們之間水乳與共的親密關係。對此，保羅・利科（Paul Ricoeur）有過精闢的言說：「沒有被敘述出來的時間，我們就無法思考時間。」（There can

---

[56] 敬文東：《神靈：給父親》，未刊。

be no thought of time without narrated time）[57]但即便如此，讓倍
受貶低的夢神稍感欣慰的是，人、神之間相互妥協的機會還是存
在的；給被脅持和不受歡迎的夢神一個新名號，就是至為有效的
解救之道。這就是我們古怪的祈禱姿勢、山寨版虔誠樂於認領的
變種，因為我們發自肺腑或自欺欺人地深信：咒語可以改變世
界，語音能夠修改恒常的事實，並讓它處於變動不居之中，以至
於不是事實，或成為另一種我們樂於待見的事實。雖然從表面上
看，這種令人抓狂的現象，隱蔽得足以讓它無比驕傲，但依然能
在思想偵探的逼視中原形畢露、無所遁形——這是我對自己的讚
頌嗎？要不要在讚頌一詞的周邊或前後加引號呢？但無論如何，
善惡雜陳、禍福相糅的趾離一名中對人友好的那部分，早已被我
們聰明的祖先挑選了出來，還獲得了一個充滿古意的名字——
「宜槲」[58]。姓名閹割術在此顯示出強大的威力，只因為在恐懼
夢神及其功能者心目中，「宜槲」是從趾離身上剝取出來的精華
部分，是對「束束」之聲的堅決驅逐，是變形或改變了名號的妖
界食夢獸，但更是妖界食夢獸的提升版、加強版和極度的純化形
式。在此，姓名閹割術滿足了小人社會中人的心理渴求，它意味
著對不祥之物、不潔之事必須採取閉目戰術，並不僅僅是卡爾維
諾動用過的「掩耳盜鈴戰術」。同閹割司馬遷的去勢術相比，它
是深受歡迎的另一種外科手術。在挑選和發明這個名號的人心目
中，「宜槲」的唯一功能，是讓人只做美夢，讓我們天天生活在

---

[57]　參閱趙毅衡：《意不盡言——文學的形式－文化論》，南京大學出版社，2009年，
　　第10頁。
[58]　《字彙・木部》：「宜槲，善夢神，見《仙經》。」

隨心所欲之事組成的叢林，還能抵制人間食夢獸的陰險與詭詐，將趾離的勾魂能力定格在將生未生、將醒未醒的境地。

清人厲鶚對「宜樹」充滿熱情的做法，完全不似他的同代人——錢泳——對待趾離的詆毀態度與仇視心理。和錢泳躺在床上摸著自家「老二」胡亂瞎夢大不相同，厲某人在到處都是小腳、長辮子和男人都得禿出前額的年月，深情呼喚「善夢神」（即「宜樹」）不斷重臨：「子媵遊光兮從宜樹，攘殘陰兮除舊……」[59]是不是「宜樹」僅僅是從趾離中抽取出的精華部分，才使厲鶚發出如此熱切的呼喚？他的舉動，可以充任中國人尊敬夢神的證據嗎？他和「咬著卵子死強」[60]的錢某人相比，真的性質相反嗎？稍微瞭解華夏民人看待神靈的一貫方式，就不難明白：過於功利和實用主義的厲鶚，僅僅是調戲性、猥褻式地將「宜樹」當做一個無條件聽從凡人旨意的偽神，一個姓名閹割術製造出來的假相，一個閉目戰術為自己尋找到的對稱物。對「善夢神」進行熱情謳歌的厲某人，反而從更深的層次，從展翅飛翔的角度，證明、坐實了我們對神靈由來已久的玩弄態度，恰如米沃什（Czesiaw Miiosz）心目中的身體，僅僅是「閃爍在黑暗中一顆叉著手的星星」[61]，但也許更像弗蘭納里·奧康納（Flannery O'connor）暗暗諷刺過的那樣，一切都彷彿不在他厲某人的心中，「而是在外面的虛無裡，在外面的什麼地方，休息

---

[59] 清·厲鶚：《擬冬堂贈辭》。
[60] 蜀語，此處意為強詞奪理、死不改悔。
[61] 米沃什：《歌》，《切·米沃什詩選》，張曙光譯，河北教育出版社，2002年，第1頁。

著，等待著，時間多得很呢……」[62]的確，時間足夠漫長，足夠我們地老天荒，何況「漫長」本身或許就是「時間」、就是時間的亙古秉性，足以撐起外面廣闊、虛無的天空……「至於將來的一切，」曼傑什坦姆憂傷地說，那「只是一個諾言……」[63]但早已輸得渾身赤裸的趾離，在小人社會合乎情理的妄想和念想中，依舊在為這個令人心酸的「諾言」辛勤工作；而被迫加入到「新生活運動」中的夢神，卻像不斷潰敗的耶和華、像必須忍受贖罪券全部滑稽特性的上帝那樣，「還在給傻逼織毛衣」呢。

---

[62] 弗蘭納里·奧康納：《好人難尋》，於梅譯，新星出版社，2010年，第87頁。
[63] 曼傑什坦姆：《女人》，《曼傑什坦姆詩全集》，汪劍釗譯，東方出版社，2008年，第254頁。

四、夢奸犯的誕生

　　有X光、伽馬射線、核磁共振、不斷被改進的手術刀、鉗
子、塑膠手套、護士、輸尿管、避孕術、膀胱鏡和名為「主治醫
師」之類的人或東西在背後撐腰，西醫顯得格外強大、豪放和陽
剛，當然，也可以被我們清臞、消瘦、內斂的中醫稱作粗魯或野
蠻，就像拖著一條軟塌塌陽具的大衛雕像——但那僅僅是人家大
衛風平浪靜的休眠時分呢，在刻意展現古希臘人倡導的和諧之
美。現存的大衛雕像肯定不是西醫的最佳造型，不能充當它的形
象代言人，但突然間就有能力挺起來的大衛呢？我們還真不知道
那該是怎樣的形態——它真的接近於胸肌發達的西醫嗎？近世以
來，在西學的「鄙視」和「逼視」下，或許性情溫順、婉約的中
醫，才算得上真正的「國學」，代表了中國人看待宇宙萬物的
基本思路或根本進路。和過於亢奮、「野蠻」的西醫相比，陰
柔、溫婉的中醫——借用柏樺的話說——不過是一種「坦開的仁
慈」，一種「純屬舊時代的風流韻事」[1]。但中醫的起源，至今
仍是一個難以索解的謎團。這對一個自稱歷史記載異常悠久、繁
榮的國度，是一件很沒面子的事情。此情此景，是否正好是蒙田
（Michel de Montaigne）揶揄過的：「應該容忍別人，但只獻身

---
[1]　柏樺：《往事》，萬夏、瀟瀟編：《後朦朧詩全編》，四川教育出版社，1993
　　年，第19頁。

於自己」呢？

　　王充很有把握地宣稱：「五帝三王，皆祖黃帝。」[2]基於這
樣的論斷，數千年來，中醫的發明者一直被固執地認作華夏民人
的人文始祖——黃帝。始祖兼聖人嗎，無非是些能征善戰、才
兼文武、聰明絕頂而又德行高尚的主，會「以天為宗，以德為
本，以道為門，兆於變化」[3]，還必然性地發明過遠古時期最為
重要的器物和觀念。對此，近人錢穆有過極為平易、但又毫無創
見的描述[4]。黃帝發明的指南車，讓他的施力方向異常精確，發
力的態度極為鮮明和堅決，以至於百戰百勝、四海來歸、天下賓
服；他定算數、制音律，從數學和聲樂兩個方面，呼應、裝點、
修飾和精確計算了他創建的太平盛世；而他為天下眾生發明的醫
學，更是法天則地、陰陽皆備、別具特色——越過霧氣沉沉的夢
境，越過夢境的有意干擾，黃帝的醫學總是傾向於強調人體與大
自然之間的動態平衡，倡導人體內部各臟腑、各經絡之間的友好
往來，不允許它們自行其事，不認可它們偶爾滋生出來的無政府
主義癖好、「資產階級自由化」秉性，更不允許任何靈魂出竅的
事情有機會破土萌芽。因此，夢境必然會把自己修煉和提升為被
打擊的物件。最終，黃帝的醫學創造了一種沒有任何遺漏的、
全息性的身體觀，將我們身上一切可能的徵候和細節，齊刷刷
植入了由這種觀念搭建而成的廟宇之內。當真是「黃帝起，黃
雲扶日」[5]，「黃帝行德，天夭為之起！風從西北來，必以庚、

---

[2]　漢・王充：《論衡・奇怪》。
[3]　《莊子・天下》。
[4]　參閱錢穆：《黃帝》，三聯書店，2005年，第22頁、第34頁。
[5]　宋・高似孫：《緯略》卷八。

辛！」⁶史官們善意的謊言嗎，就像尤里・德魯日尼科夫《針尖上的天使》一書中某位主人公之所說，純淨得絕不摻和一絲真相。對此，美國漢學家費俠莉（Charlotte Furth）女士，有過特別值得信賴、也特別值得我們感激的稱頌之辭：「中國古代醫學經典認同天人合一的本質。通過設想假託黃帝而體現的規範，讓讀者注意到這個隱喻與君主的力量之間的聯繫。」「……身體反映出世界的真諦。」⁷費俠莉女士把這種具有「天人合一」特性的肉身凡胎，直接喚作「黃帝的身體」——無論從準確性的角度觀察，還是從直觀性的維度考辨，這個命名都令人擊節讚歎，恰如粲加耶夫斯基（Adam Zagajewski）對愛情之花的精闢言說：我們的「玫瑰刺從不飲血」。「黃帝的身體」仰觀天象、俯察萬物，在禦風而行的歡快旅途中，樂於呼應天地的運轉、生殖、循環和吐納。而在「黃帝的身體」和「黃帝的醫學」之間，肯定存在一種相互聲援、相互呼應的關係——沒說的，它們總是處於互為鏡像的和諧狀態之中。

從黃帝所居有的蠻荒時代開始，以宇宙模式為藍本組建起來的身體觀，統治、支配和教育了世世代代華夏子孫的頭腦與心靈；從那時起，身體的運轉節奏，被認為跟宇宙的呼吸節律，具有嚴絲合縫般的同構性；跟天地的運行，共用同一條法則：「天有四時、五行、九解、三百六十六日，人亦有四支、五藏、九竅、三百六十六節。天有風雨寒暑，人亦有取與喜怒。故膽為

6　《史記・天官書》。
7　費俠莉：《繁盛之陰：中國醫學史中的性》，甄橙譯，江蘇人民出版社，2006年，第19、23頁。

雲,肺為氣,肝為風,腎為雨,脾為雷,以與天地相參也,而心
為之主。是故耳目者,日月也;血氣者,風雨也……」[8]這種大
氣磅礡,以風、雨、雷、電為根基的身體境況,遠比赫拉克利特
心目中的希臘身體觀複雜得多,也高明得緊。老赫拉克利特頗為
詭異地寫道:「我們身上的生和死、醒和夢、少和老,始終是
同一的。前者轉化,就成為後者;後者轉化,就成為前者。」[9]
這種原始、質樸、優雅,但小兒科級別的辯證法和神祕主義,
在風、雨、雷、電的宏大敘事面前又算得了什麼呢?它充其量是
曼德爾施塔姆所謂「空洞的」、光禿禿的「瞳孔」[10],像狗肉一
樣,擺不上臺面。有風、雨、雷、電撐腰,我們土生土長、志在
壽比南山的養生術士,更有必要嚴格按照二十四節氣規定的先後
順序,精確控制起居、作息和餐飲,定量管理在黑暗中展開的、
本來就該時密時疏的房中之事。對於那些嚮往壽比南山的有志之
士,那些成功主義哲學的信奉者、強人哲學的踐履者,這境地,
正好是保羅・里爾克(Paul Ricoeur)所謂「你務必如此這般」
(tu dois)[11]的絕對律令。

出於對華夏身體觀的呼應與聲援,黃帝和他的醫學對話者
同聲強調:「夫四時陰陽者,萬物之根本,所以聖人春夏養陽,
秋冬養陰……以從其根。」[12]「養陽」時,不妨趁機多射幾把,
好好享受一番,以求渾身通泰;「養陰」的時候呢,必須像肅

---

[8] 《淮南子・精神訓》。
[9] 《赫拉克利特著作殘篇》,《西方哲學原著選讀》上,前揭,第22頁。
[10] 曼德爾施塔姆:《時代的喧囂》,黃燦然等譯,作家出版社,1998年,第40頁。
[11] 保羅・里爾克:《惡的象徵》,公車譯,上海世紀出版集團,2005年,第47頁。
[12] 《黃帝內經・四時調神論》,

殺、吝嗇的秋冬，「憋」住蕩漾著的春情，最好把自己弄成價值
連城的「中華『鱉』精」。黃帝的醫學認為：懂得養生，願意遵
照「陰」、「陽」號召的人，樂於聽從「根」、「本」發出的
指令行事的傢伙，就是聖人——但這會不會降低「聖人」的標
準和門檻？儘管胡塞爾較為堅定地認為：我們的身體「既作為
內在性（interiority），即作為一個意志的結構和感覺的維度被給
予，也作為視覺性和觸覺性顯現的外在性（exteriority）而被給
予」[13]，但毫無疑問，和宇宙節律相俯仰、相往還的「黃帝的身
體」，既瞧不起胡塞爾洋洋得意、故作高深的「內在性」和「外
在性」，因為那實在太簡單、太幼稚、太皮相化，又絕不僅僅是
一套古色古香的修辭術——它是華夏先民心目中最理想、最完美
的政治模式。像是呼應「黃帝的身體」一樣，宋代宰相李綱有一
個善解人意的「後見」之明：「天下之大，一人之身是也。內之
王室，其腹心也；外之四方，其四肢也；綱紀法度，其榮衛血脈
也。善醫疾者，不視其人之肥瘠，而視其榮衛血脈之何如；善醫
國者，不視其國之強弱，而視其綱紀法度之何如。」[14]秉承天人
合一的基本旨意，「黃帝的身體」要求我們在身體的和諧、自然
的和諧與社會（即天下）的和諧之間，搭建起一種同構關係，讓
它們共用同一種神祕卻又無比豐饒的資源——這就是善於養生和
長命，居然能成為聖人的原因，並不存在「標準」和「門檻」是
否降低的問題，也不存在開後門和行賄受賄等不正之風。同構關

---

[13] 丹・紮哈威（Dan Zahavi）：《胡塞爾現象學》，李忠偉譯，上海世紀出版集
團，2007年，第109頁。
[14] 宋・李綱：《梁溪集・國醫說》。

係嗎，就是一切皆我、「萬物皆備於我」[15]的意思，不分內外與彼此、不問人我之間的角色差異，就像東歐詩人薩拉蒙（Tomaz Salamun）曾經詠誦過的：「當你飲水時，我看見了你。／它沒有讓你爆炸。」[16]怎麼可能「爆炸」呢？「水」、「我」、「你」都是自己人，都是自己的一部分，又怎麼會有拒「他人」於千里之外的蘑菇雲出現？——蘑菇雲只可能出現在廣島和長崎，因為在日本人眼裡，只有中國人說的「倭寇」，才會被他們當做自己人。因此，我們的史書才不吝溢美之詞，盛情稱頌華夏身體觀的發明者和奠基人：「黃帝治天下……日月精明，星辰不失其行，風雨時節，五穀登熟，虎狼不妄噬，鷙鳥不妄搏，鳳凰翔於庭，麒麟遊於郊，青龍進駕，飛黃伏皁，諸北儋耳之國，莫不獻其貢職……」[17]但一部蕪雜、漫長的二十四史有分教：這個偉大、高邁的理想，幾千年來，一直按兵不動地停留在理想自身的層面，只願意自戀似的自己跟自己相疊合，卻眼睜睜看著我們一步步墮落下去，一步步分出了「內」「外」、「彼」「此」以及「我」和「他」，還拿這種尷尬情形半點法子都沒有。這情形，恰如一首瑪雅古歌所唱的那樣：「我是太陽的後裔，我並沒有被賦予堅強的意志；／我是否會荒唐地駕著獨木舟，穿越這不可通行的海洋？」[18]想想看，猶如「環滁皆山也」一樣，不願遵照節氣的指令管住自家小小一個「老二」的中國人遍地都是，又

---

[15]　《孟子·盡心上》。

[16]　薩拉蒙：《圓圈以及圓圈的論據》，高興譯，唐曉渡等主編《當代國際詩壇》第3輯，作家出版社，2009年，第174頁。

[17]　《淮南子·覽冥訓》

[18]　參閱尼古拉斯·奧斯特勒（Nicholas Ostler）：《語言帝國——世界語言史》，章璐譯，上海人民出版社，2009年，第512頁。

何況理想中高邁無比、不分「彼此」、「人我」與「內外」的和
諧社會？

　　至遲從西漢王朝開始，中國的各家學派，都在為爭奪對黃帝
的所有權和控股權殫精竭慮、盡心盡力。雖然每一個學派，都有
專屬於它自身的瘋狂、力比多和想像力，然而，有漢家帝國、劉
姓皇室撐腰，道家似乎從一開始，就佔據了比其他學派更為有利
的咽喉要塞與制高點，為獨家壟斷黃帝搶得了先機、製造了率先
破門進球的機會。但道家精心為黃帝杜撰的「華胥之夢」，仍然
是一個關於身體的故事，關乎於身體的隱喻和敘述。在道家前後
一致、思慮縝密的想像中，黃帝在奪得天下後的前十五年裡，欣
喜地看到人人都真心擁戴他，因此，他身上無法被抹去的普通人
成分（狄德羅所謂「性欲的尖兒」），終於搖頭晃腦，從幕後跑
步奔向了前臺，猶如我們這些「吃了很多，就好像從不付錢」[19]
的凡人一樣，啟動了放縱自己享受口腹之樂的電閘，以至於「養
正命，娛耳目，供鼻口」[20]，搞得他「焦然肌色皯黣，昏然五情
爽惑」，很是不爽。那時節，他很像蜜雪兒·拉貢筆下倒楣的天
使，「跳入煉獄的洞穴中，貪婪的火焰也會順從他們。」[21]在第
二個十五年裡，黃帝的模範帶頭作用發揮了效力——他的自我放
縱像一個被放大的焦點一樣被普泛化了——天下民人爭先恐後，
縱容他們的「耳目」和「鼻口」。本來就已「焦然」和「昏然」
的黃帝憂心如焚，擔心天下大亂、民風壞到難以收拾的地步，只

[19] 茲比格涅夫·赫貝特（Zbigniew Herbert）：《停留》，趙剛譯，唐曉渡等主編
　　《當代國際詩壇》第3輯，作家出版社，2009年，第17頁。
[20] 本段所引有關黃帝的文字，全部出自《列子·黃帝》，茲不一一標注。
[21] 蜜雪兒·拉貢：《地下幽深處》，劉和平等譯，作家出版社，2005年，第178頁。

得頂住「不爽」帶來的壓力，強打精神，「竭聰明，進智力，營百姓」，終於讓他收穫了雙倍的「焦然肌色皯黴，昏然五情爽惑」。但恰如荷爾德林（Friedrich Hlderlin）所說，哪里有危險，哪里就有可能存在著被救贖的機會，道家精心杜撰的故事的奇妙之處剛好在於：進退維穀、萬般無奈的黃帝，被一個小小的夢中經歷所拯救、所滌蕩。他夢見自己來到「華胥氏」之國，他看見那裡的人民獨尊自然，沒有師長；通過「內視」和心「眼」（而不是「二重視力」），他看見了一個和諧、自然的陰的世界：華胥國人民「不知樂生，不知惡死，故無夭殤；不知親己，不知疏物，故無愛憎；不知背逆，不知向順，故無利害：都無所愛惜，都無所畏忌。入水不溺，入火不熱。斫撻無傷痛，指擿無痟癢，乘空如履實，寢虛若處床。雲霧不礙其視，雷霆不亂其聽，美惡不滑其心，山谷不躓其步，神行而已……」好一派小國寡民、無知無識的美妙景致！霧氣在緩慢滑行，河流無心於兩岸的風景，雲朵在無所駐心地四處巡視，天使和先知處於將生未生的臨界狀態，動和靜的原始胚胎緊緊交織在一起，天長地久，纏綿悱惻，難以分割……一覺醒來後，黃帝，我們的人文始祖，那個自以為在夢中找到治國之道和養生之法的人，禁不住大聲高呼：「朕知之矣！朕得之矣！」他端正王冠，力排眾大臣之所議，決心效法夢鄉之所見，在其後的二十八年裡，竟然「天下大治，幾若華胥氏之國」。在此，道家心目中的「黃帝的身體」，顯示出清晰可見的政治喻意：只要按照自然節奏和宇宙的呼吸節律行使權力，不但統治者的身體將處於意定神寧、隨心所欲的狀態，天下也會進入「欣欣然而忘我」的境界，宛如《列子》「黃

帝」篇衷心稱頌的那樣：「而帝登假，百姓號之，二百餘年不
輟。」

　　和弗里茨・珀爾斯（Frita Perls）對夢的感謝性觀點——
「夢是你自己給自己的存在主義啟示」[22]——截然不同，依照華
夏身體觀的要求，黃帝的醫學，我們絕對意義上的「國學」，出
於對華夏身體觀的呼應，對夢鄉和夢象有所痛斥與詆毀，就是理
所當然的事情。但這樣的好景致，算不算對夢境的忘恩負義、過
河拆橋？看起來，從邏輯層面上自打耳光、大唱「吊詭」的小花
臉，連黃帝也不能免俗，又何況其他級別的聖人？梅芙・恩尼斯
很負責任地寫道：「希臘人把夢的責任劃給了醫神阿斯克勒庇俄
斯（Aesculapius）……醫神說，我們做夢時，雙眼內視，照亮了
靈魂，所以能夠看到那裡隱藏的真相，包括我們的健康真相。」
希臘醫神並沒有說，所有夢境和夢象都指稱著邪惡的疾病；而黃
帝的醫學從一開始，就給全體夢境披上了疾病的外衣：「正邪從
外襲內，而未有定舍，反淫於髒，不得定處，與營衛俱行，而與
魂魄飛揚，使人臥不得安而喜夢。陰氣盛則夢涉大水而恐懼，陽
氣盛則夢大火而燔炳，陰陽俱盛則夢相殺。上盛則夢飛，下盛
則夢墮；甚饑則夢取，甚飽則夢予……」[23]儘管黃帝是因為身患
「貴恙」，才進入夢境，才意外獲得身體安康和天下大治，但他
發明的醫學，仍然要卸磨殺驢般堅持認為：所有夢象都代表邪
惡，都在虎視眈眈、處心積慮地對我們的身體不懷好意，隨時準
備暗施殺手和痛下狠手——這種境況和情致，是否能夠取消黃

22　參閱梅芙・恩尼斯等：《夢》，前揭，第82頁。
23　《內經・靈樞・邪淫發夢》。

帝的「小花臉」角色？雖然西美爾（Georg Simmel）早就說過：
「腓特烈大帝的存在不能像海王星的存在那樣被計算出來」[24]，
但早在數千年前，黃帝在根本無法否認其「弔詭」特徵的情況
下，就預先將夢境給醫學－符號化了。在先祖們仁慈、和善的
心目中，我們的身體奉天承運，跟宇宙同構，是一個和諧、封
閉、自足的系統。「魂魄」自行其是，外出巡遊，突破了身體的
和諧與自足，在封閉的系統上打開了一個缺口，宛如在我們的頭
顱上開了一道天窗，疾病來到我們身上，就是必然的事情。「黃
帝的身體」為自身的和諧與安康考慮，不允許夢境存在；作為一
種不祥、不潔的汙穢物，夢境必須被擋在身體之外。在黃帝的醫
學看來，夢境是不明飛行物，是身體的天外來客，是令人費解的
UFO。它將我們的肉身當作著陸基地，僅僅是因為它想活命、
想要尋找食物，必須得有一個可以依賴的根據地、一個不可或缺
的平臺……但黃帝，還有「黃帝的身體」和他的醫學，同意這個
迫不得已時才拍馬趕至的看法嗎？它究竟算不算一個上好的解釋
呢？但事情的真相，或許就像保羅・瓦萊里所說：「在金色的陽
光下，根本沒有什麼擔任預葡的烏鴉。」[25]

　　莊元臣，中國近古時期一位佛經研修者，不經授權，就擅自
代表我們，從較為抽象的層面上，感謝了著陸到我們身上的全體
不明飛行物（unidentified flying object）：「做夢者乃無心識。
無心則無夢，是實非虛也；」「夢中亦惟此一事實，餘二則非真

---

[24] 西美爾：《西美爾文集：歷史哲學問題－認識論隨筆》，陳志夏譯，上海譯文出
版社，2006年，第156頁。
[25] 瓦萊里：《瓦萊里散文選》，唐祖論等譯，百花文藝出版社，2006年，第110頁。

也。」[26]但心地善良、一心向佛的莊元臣，沒能替我們弄清楚：究竟是因為生病才做夢，還是因為做夢才生病？這個究竟是雞生蛋還是蛋生雞一樣的問題，實在難纏，實在令人討厭。但看起來——最多只是看起來啊——情況還沒有壞到不可收拾的境地：黃帝的醫學僅僅是把已經被醫學－符號化的夢境，當作疾病的對稱物；它或許更樂於贊同如下看法：是我們的身體沒能同宇宙的呼吸節律保持一致，才導致自我失控，以至於製造病灶而做夢，夢象成為我們反觀身體，以求身體得到救治和超度的一面鏡子。夢境是疾病的投影，是病象的葉脈，是報告外敵入侵的消息樹，但它更是神祕本身被神祕地鑿出的一個天窗——風趁機倒灌了進來，並興「風」作浪，跳起了五彩繽紛、讓人抓狂的踢踏舞。感謝我們的先祖，黃帝的醫學還沒有做到整體性地過河拆橋、忘恩負義——那根本不是聖人的做法嘛。它熱情洋溢地說：「厥氣客於心，則夢丘山、煙火；客於肺，則夢飛揚，見金鐵之奇物；客於肝，則夢山林樹木；客於脾，則夢丘陵、大澤、壞屋風雨；客於腎，則夢臨淵，沒居水中；客於膀胱，則夢遊行；客於胃，則夢飲食；客於大腸，則夢田野；客於小腸，則夢聚邑衝衢；客於膽，則夢鬥訟自刳；客於陰器，則夢接內；客於項，則夢斬首；客於脛，則夢行走而不能前，及居地窌苑中；客於股肱，則夢禮節拜起；客於胞䐈，則夢溲便……」[27]黃帝的醫學為夢境找到了相貌不佳、身段難看的替罪羊：是汙穢、邪惡和骯髒的「厥氣」，而不是其他任何東西，使我們圍繞心臟組建起來的身體的

---

[26] 明・莊元臣：《叔苴子》卷六。
[27] 《內經・靈柩・邪淫發夢》。

各省紛紛背叛，讓夢境像「性欲的尖兒」般，情不自禁地跑了出來，在睡眠的覆蓋功能掩護下，呼風喚雨、興風作浪。恰如黃帝的醫學暗示的那樣，我們的夢境像某個相聲臺詞之所說，「一沒動手，二沒動腳，只是活動活動了『心眼』」，又怎麼可能是疾病的中場發動機呢？但夢境的自我運作，它調皮的神情、狡黠的動作，是為了善意地提醒我們，讓我們對身體的非和諧狀態保持警惕，附帶著，還教我們學會了從夢境的角度，觀察自己的肉身凡胎。考慮到「黃帝的身體」從一開始，就沾染、裹挾了過於濃厚的政治色彩，夢就不可能僅僅是純粹個人性的幻象；如果一個社會的呼吸系統和宇宙的呼吸節律之間，擁有相互撲空的尷尬關係，一種社會性的夢境就會適時地彰顯自身。對此，特朗斯特羅姆有過十分生動的描述：

> 他們都睡眠，他們都做夢。
>
> 面龐群集，而軀體，在每個夢中——
>
> 被夢見的人比我們更為
>
> 不可勝數……[28]

社會性夢境的體積是如此龐大，覆蓋了我們所有人的肉身，覆蓋了整個小人社會和陽的世界。它讓我們的血液加速循環，猛烈衝撞著管制它的河床；它讓整個社會全身滾燙、面紅耳赤，像極了發情的母老虎或女大猩猩。即使在清心寡欲的道家眼中，這

---

[28] 特朗斯特羅姆：《夢幻研究》，《特朗斯特羅姆詩選》，前揭，第271頁。

樣的夢象，最終，都將以真實的動作／行為得到體現，都將落實在真實的動作／行為之上；硝煙與戰火、鮮血與屍首，還有安德魯・斯特拉森（Andrew Strathern）等人揭示出的「暴力三角」[29]，就是它「所到之處，留下的最明顯的痕跡」[30]——一部二十四史，到處密佈著這種情狀的夢象，至今未曾消停。

　　讓道家和黃帝深感失望的是：我們每一個人，都不可能每時每刻和宇宙的呼吸節律保持同構關係、共用同一個心臟和同一種神祕的資源。疾病因此是必然的，夢境因此是必然的，「黃帝的身體」與和諧社會受到威脅、遭到破壞、遇到麻煩，也是必然的，社會性夢境的出現，當然還是必然的。面對此情此景，我們該如何是好？可不可以只讓吉祥之夢來到我們身上，而把一切汙穢的夢境拒之門外？我們聰慧、勤勞、仁慈的古人在忙於尋找解救之道時，不得不冒著違背邏輯的危險，四處鑽營、八方打點。他們只好自打耳光，將人身上宿命性的「吊詭」本質，再一次拖到前臺、拉到現場——儘管我們的「吊詭」本質打一開始，就認領了它的在場特性和當下特性。瞧瞧：一切夢境都是邪惡的，而在所有被認作邪惡、骯髒的夢境中，尋找、辨識和挑選吉祥之夢，這種「方的圓」、「紅的黑」一樣的自相矛盾，到底意味著什麼？在智力的窮途末路的核心地帶，華夏先人好一番躲閃、好一陣含糊其辭後，終於硬著頭皮，將心一橫，提起膽量，自己給自己賦予了可以適當行使自相矛盾之特權的特權。作為一種神奇

---

[29]　參閱安德魯・斯特拉森等：《人類學的四個講座：謠言、想像、身體、歷史》，梁永佳等譯，中國人民大學出版社，2010年，第34頁。

[30]　徐有威、貝思飛（Phil Billingsley）主編：《洋票與綁匪》，上海古籍出版社，1998年，第583頁。

的事物，作為自相矛盾之特權的直接產物，夢鳥被華夏先祖製造了出來。《爾雅》說，夢鳥名「狂」，頭上有冠，身上有五彩，漂亮極了[31]。劉文英先生由此猜測夢鳥很可能是鳳凰，但又說它功能不詳[32]。費爾南多・佩索阿暗自稱頌過：「一個新神只是一個新的語詞。」埋首典籍、言必有據的劉文英先生真有意思：他竟然不願意冒險說出夢鳥（即鳳凰）擁有指稱吉祥、象徵好夢的能力──他到底是怕什麼呢？他似乎沒能理解古人看待夢境時懷有的惶恐心理和複雜情緒。但劉先生極為謹慎的含糊其辭，和古人在這個問題上的有意躲閃、自打耳光、違背起碼的邏輯，倒是絕妙地對仗，以至於我們找不到這個對仗在工整、整飭方面有何瑕疵。在面對名為「蟛蚏」、綽號「長卿」的夢蟲[33]時，劉先生就更加乾淨、澈底地含糊其辭，理由是文獻不足，不能妄下斷語。他除了敢於小心翼翼撥弄夢蟲的名諱、交待它雅致的綽號及其來歷外，什麼也不敢做，什麼也不敢斷言。但不能由此過多地責怪劉先生，因為在放縱「弔詭」特性、行使自相矛盾之特權的時候，先人們根本不打算停下智力上的匆匆腳步：他們又頗富想像力地杜撰出一種具有通靈性能的夢草。張陶庵對它有過簡約的描述：「鍾火山有香草，似蒲，色紅，晝縮入地，夜半抽萌，懷其草，自知夢之好惡。漢武帝思李夫人，東方朔獻之。帝懷之即見夫人，因名之為懷夢草。」[34]中國夢文化研究領域的權威，令人尊敬的劉文英先生很可能真的弄錯了。他無視夢草的奇特才

---

[31]　參閱《爾雅・釋鳥》。
[32]　參閱劉文英：《夢的迷信與夢的探索》，前揭，第143頁。
[33]　參閱《搜神記》。
[34]　清・張岱：《夜航船》卷十六。

能，倉促下結論說：「夢的過程有時忽來忽去，我們不能自己決定夢什麼、不夢什麼，也不能設計或規劃夢的結局。」[35]看吧，晝伏夜出的夢草在機緣巧合之間才獲取的絕世才華，遠遠大於夢鳥和夢蟲：它能讓我們想夢見什麼好景致，就能夢見什麼樣的好景致，不像功率低下的「善夢神」（即「宜檑」），僅僅保證我們只做好夢不做惡夢。夢草遵循的句法是：「我就是要讓你們應該擁有怎樣怎樣的人生……」夢草不僅一口否決了劉先生的獨斷，還額外認領了一種大搖大擺的獨裁口吻。但毫無疑問，夢草，這種被杜撰出來的，像中國的男子漢大丈夫那樣能伸能縮、能大能小、能先中間後兩邊的草本植物，是迄今為止最好的獨裁者，在無條件地支持我們對幸福的追求，願意為我們的幸福鳴鑼開道、保駕護航。

很遺憾，這些智力上艱苦卓絕的努力，似乎無濟於事，頂多只能算作自欺欺人的瞽叟戰術：我們的夢象，仍然被黃帝的醫學指控為邪惡，被認作與病象相對稱、相呼應；而讓天下必然為之震動的社會性夢境呢，則會隔三差五，蒞臨本來已經過於嘈雜的小人社會和陽的世界——陰的世界是黃帝的世界，是華胥氏之國，早就離我們遠去了。「黃帝的身體」僅僅是一種理想狀態、一個無法抵達的烏托邦，必然會淪為關於身體的修辭或「維納斯的尿水」（Venus Urinia）[36]——是不是美神維納斯的排泄物，也必然是美的？看起來，犧牲邏輯、放縱我們身上的「吊詭」本

---

[35] 劉文英：《夢與中國文化》，前揭，第6頁。
[36] 參閱佛洛德：《詼諧及其與無意識的關係》，國際文化出版公司，常宏等譯，2007年，第79頁。

質，並不能解決問題；自打耳光換來的，只能是滿載勳章的徒勞無功，是令人將情緒降到冰點的自取其辱——畢竟邏輯上的暢通和腸道上的暢通，依然具有高度的相似性。但中國的各家學派，卻並沒有因此放棄努力。「黃帝的身體」一直認定：個體之夢表徵個人的身體病灶，社會之夢則表徵人心思動直至天下大亂，都是些讓人側目、扼腕的大事，決不能掉以輕心、馬虎大意。因此，同夢境戰鬥，直至消滅它，是各家學派必須從事的重點工作。原始儒家的後人在倉促應戰中，挖空心思，削尖小腦袋，終於貢獻出一個新型戰術：靈魂深處鬧革命，拒強敵於靈魂的國門之外。所謂靈魂深處鬧革命，就是自己充當自己最嚴厲、最苛刻的審判者，就是審判者與被審判者合二為一，宛如本雅明的睿智之言：妓女是融商品和售貨員於一體的尤物。程顥自我稱頌的「眼中有妓而心中無妓」[37]，就是審判者對審判物件的高度頌揚，還來得格外輕巧、飄逸和簡單，就像物理學家利希滕伯格（G. C. Lichtenberg）極力稱讚或有意嘲諷過的：「對人類來說，天堂也許是最容易的發明。」儘管程顥的表白最多只能算作自我期許、自我恭維和自己對自己道德境界的溜鬚拍馬，但審判者和被審判者嚴絲合縫重疊在一起的情形，剛好是融商品與售貨員於一體的妓女的絕佳對稱物。

在遭到佛家教義污染與侵蝕的宋明理學眼中，夢境就是汙穢、不潔的妓女，表徵著神魂不定、魂魄出竅和人倫失調，是嚴重的病症，是對「黃帝的身體」的蓄意破壞——和道家一樣，儒

---

[37] 參閱清·劉宗周：《人譜類記》卷五。

門也有嚴格定義過的「黃帝的身體」，指稱著信仰的純淨、人倫秩序的和睦、尊卑等級自上而下的整齊劃一與不容侵犯；而被夢境神祕地鑿出的那個天窗，則是妓女下丹田附近的「滴水洞」（不是湖南湘潭韶山沖旁邊的同名之物），能被無數個直不楞登、貌似烏龜腦袋的物件進進出出、聲東擊西或指東打西——敬請女權主義者不要怪罪這等表述，因為我們談論的，是女性共產主義社會到來之前的、臭烘烘的男性世界，一個本質上的小人社會和陽的世界。但只要充當自我審判者的那個角色足夠堅強、嚴厲和苛刻，只要革命意志直逼鋼鐵、鑽石的硬度，夢境即使不招而至，也可以被視作無物，被認為已經成功地拒絕在靈魂的國門之外，就像只要是貨真價實的、被劉向真心誇獎過的烈女，就肯定能夠不費意志上的任何吹灰之力，抵擋一切貌似烏龜腦袋的物件，無論它們的長相、長短和軟硬多麼優秀與善解人意。但這是不是瞽瞍戰術的升級版本？答案應該是顯而易見的：有史以來最大的儒者——孔丘——在臨死前第七天，就準確夢見了自己的血緣和死亡的時辰[38]。這算不算靈魂深處鬧革命最終「拉稀擺帶」的證據？還要不要將這樣的「革命」繼續「鬧」下去呢？還是利希滕伯格說得好：「舉著真理的火炬從人群中走過而同時又不燒焦某些人的鬍鬚，這幾乎是不可能的。」[39]利希滕伯格的意思大有可能是：很不幸，地球上所有男男女女都長有鬍鬚，從物態的、裝飾的到象徵的。

中國的每家學派，幾乎都異口同聲地將夢境保舉、推薦為

---

[38] 參閱《史記·孔子世家》。
[39] 參閱佛洛德：《詼諧及其與無意識的關係》，前揭，第82頁。

罪犯。夢境被認作我們靈魂中的汙點、道德上的漏洞、各種惡疾的對稱物、社會穩定的隱蔽之敵，它是無恥的挑逗、誘惑、張開、合上，以及永無休止地進進出出和伸縮輾轉……總之，它是伊芒斯・車多尼斯（Imants Ziedonis）所謂「長著美麗眼睛」的「黑暗之詞」，越過漫長的時光，卻「依舊瘖啞、聵聾」。但它更是本質意義和詞根層面上的「法考」（fuck）與「謝特」（shit），要嘛應該被擋在靈魂的圍城之外，要嘛就該被牢牢地囚禁起來。我同意，罪犯就該去它應當去的地方；而作為一個每天做夢的人，我又對各式各樣令人聞風喪膽的監獄，充滿了真實的恐懼感。看到它，總要小心翼翼地繞道而行，為的是不沾染晦氣——但即便如此，我仍然沒能成功，也肯定不可能成功。在地球上最高級別的口號大國，我無意間和一座監獄狹路相逢，想掉頭而去，卻已經沒有機會。就是在那座監獄大門旁邊的牆壁上，我看到獄方為鼓勵罪犯重新做人、回歸社會而寫的一個激動人心的口號：「人民罪犯人民愛，人民罪犯愛人民。」那一刻，我心情舒坦、愉快和輕鬆，頓時覺得對監獄的恐懼感，至少降低了一半以上。或許，這才是對待罪犯的最佳方式？無論如何，我都必須要為人民政府的聰明、智慧和仁慈高聲叫好。因為感化、鼓勵和馴服罪犯，把罪犯當成「準」自己人或「待」自己人（即時刻「準備」或「等待」著成為「自己人」），總是最有力量。畢竟這個世上，並不真的存在鐵石心腸的傢伙。作為一個天天做夢的渺小個體，一個現役的、嚴重破壞「黃帝身體」及其醫學的潛在罪犯，我的心腸就比較柔軟——人敬我一尺，我總是願意回敬他一丈還有餘。可是很遺憾，遍閱典籍，我們能夠看到的唯一結局

是：所有學派都傾向於否決人民政府提出的仁慈方案，因為它們都像劉文英先生一樣堅信，我們無法設計和規劃夢境，唯一的辦法就是消滅它，就是「死馬當作活馬醫」似的，繼續在靈魂深處鬧革命。這是唯一的真相嗎？對待夢境，是不是只有這一條路可走？

　　也許夢草——而不是夢鳥和夢蟲——的隱喻版本、變態形式或高級樣態，才是最值得考慮的解救之道，也是最需要加以重視的思路。如果能把夢草的功能與才華推到極致，肯定是一件無比牛逼的事情，因為夢草能將天下美夢「入吾轂中」[40]；因為發揮、透支夢草的基本語義去支配和規劃夢境，總比躺在「丈二」的床上，摸著自家「老二」胡亂瞎夢優越得多、安全得多，也愜意得多。我們現在完全有能力將夢境押送、發配和流放到我們想要它去的任何地方，但這只能是一個現代性事件。攝影術的出現是最關鍵的一步，而能夠規劃、統籌夢境的文字技巧，也並非不重要——無論如何，文字蓋世太保總是用處極大，也永遠不會過時。夢草從正面呼應了「黃帝的身體」，又提前啟迪了現代社會中各式各樣的權力共同體。商業、市場、各種偷偷摸摸的經濟形式，還有五花八門、稀奇古怪、滿臉塗抹了油彩的現代政黨，都在利用電影、電視畫面和飽具現代性特徵的文字技巧，隨心所欲地、意淫式地控制夢境，讓夢境為它們（他們）服務——似乎所有的夢象，一眨眼之間，全都變得潔淨和健康起來，都能為經濟和政治權力提供保障。借助包括現代攝影技術在內的一切可以想

---

[40] 五代・王定保：《唐摭言・述進士》。

見的技術，控制、規劃夢境，讓想要的美夢隨叫隨到，以此替代
睡中之夢和社會性夢境，無疑是最好的解救之道，比人民政府
提供的仁慈方案要優越得多，比漢光武登基前故意對大臣們洩
漏「我夢乘龍上天」[41]的絕密消息，還要簡單易行。在此，「替
代」才是關鍵字，甚至是唯一的關鍵字；被透支的夢草的才華，
它的變態模式，必須圍繞「替換」來組建自身才有意義、才有價
值——畢竟「替代」的目的，就是要讓我們忘記夜間之夢、拋棄
夜間之夢構成的社會性夢境，讓我們的整個身心，沉浸在被規
劃、被統籌、被量體裁衣定制而成的技術性夢境之中。在新時
代，科學技術和堅決遵循語言縱欲術而劃破了自身肌膚的文字技
巧，在努力幫助「黃帝的身體」成就它自身的建設。這是經過屍
體化妝術修整過的「黃帝的身體」：它不再是在身體和諧、自然
和諧與社會和諧之間，搭建起的同構關係，僅僅是為了政權的穩
定、經濟的安全、市場的正確，一句話，是為了某個社會的風平
浪靜，然後為剽竊者安全剽竊、偷情者平穩偷情、竊國者順利
竊國、以權謀私者正常謀私……提供保證。新時代的「黃帝的身
體」，僅僅是原教旨意義上「黃帝的身體」的投影、摹本和幾根
微不足道的線條，僅僅是剽竊了「華胥之夢」最表層的東西。但
這依然是必須的，因為現存的每一個可以想見的社會，都需要用
最虛假的牌坊，去紀念、表彰和突出最真實的婊子——儘管牌坊
上的每一句話，連它的每一個標點符號和偏旁部首，都肯定不值
得信任。

---

[41] 《後漢書‧馮異傳》。

　　必須要承認：祖先們在智力上值得稱道的努力，並沒有完全白費。至少，夢草對現代強人和成功主義分子的啟示，稱得上巨大、有效和有力。在各式目的、各種意識形態的支配下，在它們沾沾自喜的意淫式想像中，現代技術看起來已經可以操控無意識領域；或者，現代技術已經弄清無意識世界的母語以及它的發聲方式？那又該是何種形狀、何種成色的母語呢？它是否是費里尼（Federico Fellini）稱頌過的「大膽的揚聲器」，只因為它一如諾曼・馬內阿（Norman Manea）說的「拒絕傳送白臉小丑的聲音」[42]？難道那種母語不是各式目的、各種意識形態的變形和變臉嗎？一輩子致力於夢境研究的佛洛德，是否會為此感到無地自容？但最有可能的情況或許是：意識形態和各種各樣的目的，仰仗空前強大的現代技術，像高級哺乳動物滿懷激情地做那些苟且之事一樣，已經以後進式為主打動作和姿勢，強行凌辱了無意識世界的母語，致使無意識世界跟它一道，生出了一種血糊糊、紅燦燦的雜種語言。這種怪模怪樣的語言，只能是兩種完全不同的語言的混血兒，是跨界婚姻或「跨語際實踐」（Translingual Practice）的產物[43]，但它又分明具有亨利・米肖（Henri Michaux）所說的那種超強的「傳染性」（contamination）——儘管這根本就不可能是無意識世界的本意。雜種語言漂亮嗎？它擁有怎樣的膚色、怎樣的發聲方式？從電視畫面看，它秀色可餐、聲音具有磁性，頗有些勾人魂魄之效，可以被大人物或各種成功人士當作

---

[42]　參閱諾曼・馬內阿：《論小丑：獨裁者和藝術家》，章豔譯，吉林出版集團有限責任公司，2008年，第51頁。

[43]　「跨語際實踐」是劉禾提出的概念，參閱劉禾：《跨語際實踐》，宋偉傑等譯，三聯書店，2002年。

金屋藏嬌的最佳物品，畢竟聲音還不太容易發胖、不太容易過早進入人老珠黃的衰敗境界，以至於過早讓收藏者產生審美疲勞；從裝模作樣的文字技巧看呢，則音調婉轉、肌膚有緞子般的質地，讓我們這些渺小主義的崇奉者必須立即承認：我們確實生活在有史以來最偉大、最幸福的時代，必須要識相地將被分配而來的幸福推進到底。魯迅在一個黑漆漆的年頭精闢地說過：「做夢，是自由的，說夢，是不自由的。」[44]因為針對夢境的紀律檢查委員會，始終高高聳立，像一根碩壯、高大和威風八面的陽具，拒絕使用安全套——也沒有適合它的安全套。但是，被現代技術寄予厚望的「替代」功能，是否真的有能力剿滅和替換夜間之夢、睡中之夢與社會性夢境？現代技術提供的標準之夢，能讓全體民眾遵從嗎？我們每一個人，當真能學會被它刨弄出來的雜種語言？它到底有沒有本事蠱惑、控制我們這些被迫的失敗主義和渺小主義的崇奉者呢？

東方曼倩，「歲星精也。自入仕漢武帝，天上歲星不見。至其死後，星乃出。」[45]因此，東方朔有足夠的能力，讓自己獻給武帝的夢草富有詩意，具有濃厚的東方浪漫主義情調。按他的本意，夢草僅僅是為了滿足漢武大帝思念李夫人；今天的夢草（即技術之夢、標準之夢）被看待的方式，僅在於它有沒有成為工具的可能，是否具有工具理性——想夢見什麼樣的好景致，就能馬上夢見什麼好景致。但即使在今天，當我們關閉電視、把眼睛從誇誇其談的文字縱欲術上收歸己有，睡中之夢很快就「覆蓋」了

---

[44] 魯迅：《南腔北調集·聽說夢》。
[45] 唐·李亢：《獨異志》卷上。

技術之夢，否決了它的「替代」功能。讓現代技術頗為難堪的是，無法被替代的睡中之夢，依然被認定為「現代疾病」的對稱物，仍然有被消滅的必要，因為它在努力製造一種霧氣沉沉的社會性夢境，對安定團結的大好局面總是有所威脅。於是，當人民政府提供的仁慈方案被否決，當技術之夢並沒有成功替換夜間之夢，「黃帝的身體」花費幾千年旅行了一圈，只得返回原點，繼續對夢境進行詆毀和痛斥。只是詆毀和痛斥的技術，得到了大幅度的更新與換代——夢草的另一種變態模式出現了：人間終於發明出新的夢境檢查機制；狠鬥私字一閃念就是對這種機制最高度的概括、最準確的寫照。它要求每一個人，都必須在夢草的變態模式支配下，或者，要求每個人必須認領一束這種性質的草本植物，進入自己的潛意識領域，主動管理這個黑黢黢的世界，最終，強迫潛意識支持的夢境和「大好形勢」保持一致，緊密團結在「大好形勢」的周圍——這是潛意識世界裡的「維穩」大業，每個人都不得馬虎大意。很顯然，充滿主動性和進攻性的「狠鬥私字一閃念」，遠比攜帶著被動特性和防禦特性的「靈魂深處鬧革命」，要優越得多，要高明得緊。遺憾的是，這一切，依然不能保證雜種語言能夠完全制伏我們在夢中的越軌行為。

　　……在夢中，我們殺人放火，我們打家劫舍，我們私下裡和宰相密談，我們擅自在空中遨遊，我們把大糞潑向光鮮的衙門，我們黃袍加身自作主張當皇帝，我們兩手環抱，以至於「把地球管理起來」[46]……總之，一切可以用「作奸犯科」來概括的

[46] 參閱張戎（Jung Chang）、喬‧哈利戴（Jon Halliday）：《毛澤東：鮮為人知的故事》，開放出版社，2006年，第421頁。

非法之事，都能被我們的夢境所認領，就像《愛涅阿斯紀》中的
西比爾說過的：「即使我有一百條舌頭，一百張嘴，鋼鐵般的喉
嚨，我也無法把各式各樣的罪惡說全。」而蘇東坡，我素來崇敬
有加的四川鄉賢，我們長鬍鬚的兒童祖先，早已給出了夢中犯罪
的一般路徑：「人有牧羊而寢者，因羊而念馬，因馬而念車，因
車而念蓋，遂夢曲蓋鼓吹，身為王公。夫牧羊之與王公亦遠矣，
想之所因，豈足怪哉！」[47]這種作奸犯科、順杆上爬，卻讓中醫
和「黃帝的身體」蹙額歎息的境況，正合一位中國女詩人對此的
冷眼旁觀。但袁虹女士的言說中，又透露出多少冷色的溫暖或溫
暖的冷色啊：「好景兩邊，我們被良辰糟蹋。石榴裙以一念之心
看朱成碧。當俘虜過剩，武器就格外傷人，侵略我們的杯盞，前
途。我一身錦衣，往夜間的祖國放火。扯下領袖的當天，手失掉
遠得無邊的帆，一塊絲帕調不走船。進，退。多少只大鳥冒雨而
來，又依山而歸。敗落了的門第，舊書三千，要讓我逐一染指。
針繡花，佛，平常心。無門可渡……」[48]看起來，即使有夢草的
超級版本撐腰，技術之夢、雜種語言依然得到了夜間之夢和社會
性夢境的頑強抵制——這就是互為對稱物必須收穫的結局、必須
公然展開的對決和持久戰，哪怕它們的力量從一開始就是不對
稱、不對等的。因此，除了人世間少數幾個僥倖至極的「至人」
和「真人」，我們每個人都是夢奸犯，每天都在變著法子自我誕
生。我們不需要夢草，我們不奢望每一個夢都是吉祥之夢，我們

[47] 宋・蘇軾：《夢齋銘》。
[48] 袁虹：《酒語》，http://blog.sina.com.cn/s/blog_4740b4fa0100k3ah.html，2010年7
月19日22時訪問。

就是要執拗地在天空和雲朵上，種植水稻、玉米、高粱和大豆，
我們在頑強抵制「黃帝的身體」的各種現代摹本，最多只把黃帝
的醫學對夢境的誹謗和詆毀，當作「耳邊風」而不是「枕邊風」
來聽，猶如春風過驢耳。在形如戈壁灘的白天，我們當然不敢咒
罵員警，因為他們手中有槍（我們頂多只有一半人胯下持槍），
但在夢中，就澈底地去他個娘的了。恰如一向追求「高雅」的西
川故意性的「不雅」之言：

> 沒有拒絕的特權那是聖人的。
> 也沒有接受的特權那是另一類聖人的。
> 特權，聖人，啊啊啊，在戈壁灘上，
> 關我屁事[49]！

　　但在白天絞盡腦汁算計天下、江山和美人尤物的聖人以及
大人物們，當真會在夢中閒著嗎？楚人宋玉秉承巫楚浪漫主義
精神，無意間道出了實情。他以賦體（即《高唐賦》、《神女
賦》）為形式，字句鏗鏘、頗富音樂性地記述過楚懷王和楚襄王
父子「夢奸」巫山神女的故事——至於神女「願薦枕席」的毛
遂自薦之舉，此處乾脆就不擺了，反正就像克林斯・布魯克斯
誇張的，他們「各自的隱修處都在另一方的軀體裡」[50]。千餘年
後，貴至宰相的王安石對此感慨不已，很為自己沒能遇上這等美

49　宋・蘇軾：《夢齋銘》。
50　克林斯・布魯克斯《精緻的甕》，前揭，第13頁。

事深感遺憾：「千年寂寞無人逢，邂逅乃有襄王通。」[51]在此，「通」字來得十分形象、傳神。它從書寫的角度，隱喻了某種力學性質的槓杆和支點的作用。唐代小詩人李群玉更是豪氣發作，提前而又自覺地站在了「巨人」王安石的肩膀上，來了一手「會當凌絕頂」、「更上一層樓」的勾當。他不但十分羨慕大夢奸犯，附帶著，還暗暗向事發地點——巫峽——嘖嘖有聲地表示了令人難以忘懷的豔羨：「自從一別襄王夢，雲雨空飛巫峽長。」[52]讓我們這些至小、至弱、至為不濟的夢奸犯無比震驚的是，巫山神女不僅「初幸於懷」，還「再幸於襄」[53]。懷王、襄王父子，隔著時空、年齡、輩分，逆著必不可少、不得違抗的道德禁忌，居然同巫山神女玩起了時髦的3P遊戲——太陽底下無新事，《聖經》和基督無疑是正確的。當真是只許君王揮長鞭，不許小民翹尾巴嗎？法國17世紀某僕人一不小心，竟然親自給自己的主人戴了綠帽子，而他的「犯罪部位」呢，馬上被「塗上了火漆」——這個傳奇事件還被行吟詩人到處傳唱[54]。但聖人、君王卻不叫夢奸犯，他們的「犯罪部位」，與渺小卻又難以抹掉的「火漆」沒有任何瓜葛；他們行不改名、坐不改姓，就叫聖人，就叫君王——你，還有你、你、你，又能怎麼著？

　　儘管1881年在英國出版的《粗口詞典》（Dictionary of the Vulgar Tongue），早就將指稱女性生殖器官的字詞定義為「一種

[51] 宋·王安石：《巫山高》。
[52] 唐·李群玉：《宿巫山南》。
[53] 宋·范晞文：《對床夜語》卷五。
[54] 參閱讓·克洛德·布羅涅：《廉恥觀的歷史》，李玉民譯，中信出版社，2005年，第115頁。

惡劣東西的惡劣名稱」，但正如社會語言學的修習者，膽子奇大
的露絲・韋津利女士揭發過的，這種惡毒的說法，並不能否定
「屄從不天真無辜」的實際情形，甚至，還無法阻止中世紀倫敦
的一條街道被命名為「摸屄巷」（Gropecuntlane）[55]。雖然有神
學、上帝跟基督打底和撐腰，我們的現實依然如此不潔，如此汙
穢，就像赫拉巴爾以強硬的語氣說過的：「我置身廢紙堆中，這
才是我的love story。」[56]是的，love story，唯一的、最後的love
story。但即使是最邪惡的夢境、最歹毒的念頭、最淫蕩的姿勢，
也會像休斯（G. Hughes）描繪的那樣，「愈被使用，就愈得到
淨化」，它的「震驚值」（shock value），也會因越使用越不斷
得到降低[57]，何況至真、至善、至美的上帝給摩西的指令，也僅
僅是一些平常至極的禁忌，聖女貞德（St. Jeanne d'Arc）情急之
下，也會大爆粗口：「操他媽的不會下雨吧，你說呢？」[58]有罪
與否從不在夢（它頂多只是病灶的鏡子），而在夢被看待的方
式。是夢和它被看待的方式之間的緊張關係，促成了夢奸犯的誕
生。鍾鳴講了一個「文革」期間被「敲砂罐」（即槍斃）的夢
奸犯的故事[59]，絕好地證實了這一點。即使黃帝的醫學——它是
遮蔽夢奸犯的關鍵部位的馬賽克——也不得不承認，夢中仍然有
性，仍然有各式各樣匪夷所思的交配，蒙特古（A. Montagu）幽

---

[55] 參閱露絲・韋津利：《髒話文化史》，前揭，第63頁。
[56] 博・赫拉巴爾：《過於喧囂的孤獨》，楊樂雲譯，中國青年出版社，2003年，第1頁。
[57] G. Hughes, *Swearing: A Social History of Foul Language, Oaths and Profanity in English*, Penguin Press, 1998, pp.193
[58] 參閱露絲・韋津利：《髒話文化史》，前揭，第25頁。
[59] 參閱鍾鳴：《塗鴉手記》，前揭，第160-161頁。

默地將之稱作人類「最及物」（transitive）的一項動作[60]，難怪
英語中指稱男女生殖器官的字詞，竟然多達唬人的兩千五百個。
這些旨在條分縷析描述人類性行為的語詞，十分精確地保證了如
下事情的發生：在夢中，我們不但亂倫、人獸雜交、「奉國王之
命交媾」（Fornicate under Command of the king）[61]，還膽敢自己
玩弄自己，直到在極端無奈中，直截了當地把自己弄成了陰陽人
──白天得不到的女人，怎麼就不能寄居在做夢者的身體之內
呢？明人何棟如從占夢術的角度，從命運密碼的方位，居心叵測
地威脅過列位夢奸犯：「夢交媾精不泄，凶，從事不成之象。
夢此者遭而不遇，徒勞力而無功，有謀不遂，有始無終，諸事不
吉。」[62]何某人的苦心孤詣和自以為是毫無用處，夢奸犯們依然
在黑暗中樂呵呵地忙個不停，發誓要全部「泄」出才肯甘休──
「不泄」為「凶」，「泄」了不就「吉」了嗎。偉大的醫家張景
嶽，從另一個視角，將這種難堪的境況大而化之地歸結為「有情
有火，有虛有溢，有因情動而夢者，有因精動而夢者」。他還從
中醫的維度，像仁慈、內斂、清膵的中醫本身那樣，給出了教
育、改造列位元夢奸犯的方式與方法：「情動者當清其心，精動
者當固其腎」[63]。張景嶽不應該忘記，我們「人生在世，朝朝勞
苦，事事愁煩，沒有一毫受用處。還虧那太古之世，開天闢地的
聖人，制一件男女交媾之情，與人息息勞苦，解解愁煩」[64]，又

---

[60] A. Montagu, *The Anatomy of Swearing*, University of Pennsylvania Press, 2001, pp.305.
[61] 參閱露絲・韋津利：《髒話文化史》，前揭，第82頁。
[62] 明・陳士元撰、明・何棟如補輯：《夢林玄解》卷九。
[63] 明・張景嶽：《景嶽全書・遺精》。
[64] 清・李漁：《肉蒲團》第一回。

何況是夢中放縱呢？有那麼嚴重嗎？但張景嶽肯定知道，除了聖人、君王的恣意放縱，夢中各種各樣性行為的實施者僅僅是最狹義的夢奸犯，僅僅是夢奸犯大家族中最打眼的部分，頂多是最能讓人獲得虛擬銷魂和熱衷於談論的那個部分。還有那麼多同類和它興高采烈地簇擁在一起，組成了一個龐大的方陣。它們不需要任何人檢閱，就能邁著整齊的步伐，集體通過天安門廣場，就能朝白天、道德和各種級別的紀律檢查委員會吐舌頭、做鬼臉……

　　事實上，它們的胡作非為、狗膽包天，連我這個天天做夢的同案犯都看不下去了。我建議，它們應該被有史以來最神祕的部門（即「有關部門」）勒令去它們最該去的地方，生息作業，閉門思過。但是看啦，那些不以「有關部門」的意志為轉移的夢奸犯組成的龐大方陣，足夠我們的真理部、靈魂醫生和精神術士們喝一壺了。他們（它們）酩酊大醉、踉踉蹌蹌的姿勢，是完全可以理解和想見的事情；我們的黃帝，會不會因為他的身體與醫學得到雙重冒犯大光其火呢？西醫是否為了盈利，對此持熱烈歡迎的態度？但那些毬不囉嗦之人，那些失敗主義者，也就是我和不思進取的其他無數個「我」，為什麼不歡迎他們（它們）大醉、眼紅、肺部氣炸和平地摔筋斗？難道我們，還有比這種情形，更高級的，破罐破摔嗎？

五、占夢術的祕密

　　不分古今、無論中外，一切形式的占夢術都跟嘴巴和它的各個組成部分相關。但我們有沒有必要從生理常識以及「生理」和「常識」的角度，承認這一點呢？在占夢術和嘴巴之間，是否當真存在某種類似於神仙眷侶的關係？誰也不敢否認：只有嘴巴和它忠於職守的各個下屬，也就是那些活潑、多言、酷愛嘮叨的小媳婦們（比如舌頭、牙齒或口腔），才是一切讚美之詞和誹謗之詞的發佈大廳，才是吉凶禍福之言的集散地。自詡技藝高超的語言學謀士輝特尼（Whitney），喝了小半斤後，居然口吐狂言、大放厥詞，嚴重褻瀆了古往今來所有的嘴巴。他說，人類之所以使用發音器官作為語言工具，僅僅出於偶然，頂多是為了方便；人完全可以選擇手勢、借用視覺形象進行言說——彷彿我們剛剛學會直立行走的先祖，從一開始，就把事情搞壞、弄砸了。但他的荒誕不經，他的酒後囈語，他故意性的「麻雀仰著飛」[1]，遭到了思維打穴功夫更為高強的索緒爾（Ferdinand de Saussure）的唾棄：我們之所以選擇發音器官作為語言儀器，是大自然饋贈給我們的一種無法被擺脫的宿命[2]，就像阿多諾（Theodor W. Adorno）一時興起，撥弄出來的調侃之詞——「在錯誤中沒有

---

[1]　蜀語，意為抬槓。
[2]　參閱索緒爾《普通語言學教程》，高明凱譯，商務印書館，1996年，第31頁。

真正的生活。」³是不是「真正的生活」一定有本事排斥或者不待見那些不同尋常的「錯誤」？什麼是「真正的生活」呢？對於占夢術，作為發聲工具的嘴巴（而不是掌管嗅覺的鼻子或負責聽風辨音的耳朵），才是把持「真正生活」的唯一走卒。儘管嘴巴也可能犯「錯誤」，但只有它，才有能力犯下「真正」的「錯誤」（比如牙齒暗算了舌頭或口腔），才能鼓搗一些令占夢術難堪的小罪孽。數千年來，嘴巴製造的音響餘音繞梁，有如黃鸝的歌唱、烏鴉的鳴叫，既令人歡欣鼓舞，又讓人愁腸百結、絕望透頂。這是它從和聲學角度，故意為自己製造的「二律背反」嗎？我們的嘴巴是不是也擅長「麻雀仰著飛」的小把戲？如果真是那樣，也未免太幽默、太滑稽了……

　　但嘴巴，占夢術必須仰賴的肉體物件，才是人身上最醒目的漏洞，是獨一無二的缺口，而牙齒是最不著調的白色柵欄，肛門才是最不靠譜的言說器官——它底氣不足的「嘟噥」聲，根本不是命運密碼的衍生物或次森林，就像它從來不是夢境的發源地。就是在這個朗朗上口的拐點上，我們當中的不少聰明人，卻在十分搞笑的高深莫測中，跌了不只一個大跟頭，還讓他們毫無覺察地忽略了一個重要事實：除少數特殊時刻，除少數身分和職業特出的人物，嘴巴必須終身裸露，但又決不意味著口無遮攔——「三緘其口」，只有「三緘其口」，才是「漏洞」或「缺口」維護自身安全的上佳方式；面對陽光、雨露、古怪的季節和身著各式比基尼（Bikini）的複雜氣候與徵候，嘴巴必須跟臉蛋

---

³　洛倫茨・耶格爾（Lorenz Jager）：《阿多諾：一部政治傳記》，陳曉春譯，上海人民出版社，2007年，第224頁。

同甘共苦——頂多在遭到恐嚇、遇到意料之外的美女、大把美元和金銀財寶時，圓張一下而不是「嘟噥」一下，以示驚訝。儘管嘴巴超常、越軌的驚訝狀態，能在輕而易舉間，改變臉蛋在容貌上的風平浪靜，但也剛好是它們同進退、共患難的寫照——這是嘴巴無師自通，打一出生就認領的智慧。而智慧，恰如安提司泰尼（Antisthenes）的熱情稱讚：它是「最可靠的堡壘，它永不崩塌，也不背叛」[4]。然而，嘴巴閃、轉、騰、挪破壞面部表情的處女狀態，不過是它展開自身語義的背景；面部表情被破壞的重要性，必須讓位於嘴巴內部的自相矛盾所認領的致命性。大半個世紀以前，巴赫金（Mikhail Bakhtin）令人震驚地說起過，每一個詞「都是一個小小的競技場，不同傾向的社會聲音在這裡展開衝突和交流」[5]。作為一個看似普通、渺小的辭彙，中國人的「嘴巴」，寄身於漢語空間中的「漏洞」遭遇的境況，遠比巴赫金描述的那種主要植根於俄語中的境況，要更為嚴峻，也更令人恐懼。

　　早在遠古洪荒之際，我們大智大慧的先賢古哲，就對嘴巴給出了經典的闡釋，像是在提前為它致悼詞：「皇皇唯敬，口生詬，口戕口。」[6]這句過於簡潔的格言因錢鍾書先生對其另眼相看走紅至今[7]。錢先生為何格外器重這句黑黢黢的不祥之言？為何要在它面前駐足、凝目，將它打量再三？很顯然，在中國人的

---

[4]　第歐根尼・拉爾修（Diogenes Laertius）：《名哲言行錄》，馬永翔等譯，吉林人民出版社，2003年，第340頁。

[5]　參閱凱特林娜・克拉克等《米哈伊爾・巴赫金》，語冰譯，中國人民大學出版社，1992年，第269頁。

[6]　《大戴禮・武王踐阼》。

[7]　參閱錢鍾書：《管錐編》，中華書局，1979年，第855-856頁。

潛意識深處，吞吃食物、養活性命之「口」，有太多的機會因為「口」自身的運作失誤或失誤運作，戕害了養活性命之「口」，又豈止是「不同傾向的社會聲音」「展開的衝突和交流」呢？實際上，那是同一個器官在它的「專名」（proper names）認領的勢力範圍內，自己跟自己較勁；它是無可奈何的自虐，卻又算不上禍起蕭牆──但這種令人悲哀的討打境遇，僅僅是嘴巴自找的嗎？對這個過於複雜的問題，我們還來不及給出答案，倒是許慎從文字學的角度，道出了嘴巴的基本功能：「口：人所以言、食也。」[8]在中國，從能夠想像得到的最古遠的時期開始，「言」之「口」向來是「食」之「口」的威脅，是「食」之「口」的投槍和匕首，是如影隨形的隱性炸彈，是跗骨之蛆……雖然「食」之「口」也攜帶著用於自救的某種功能（比如誤食有毒之物或故意吞金、服毒），但只有「言」之「口」才是它最大的冤家對頭──舌頭在其中起了重要作用。赫西俄德對此深有感慨：「人類最寶貴的財富是一條慎言的舌頭，最大的快樂是它的有分寸的活動。」[9]所謂自戕，就是吝嗇得不屑於活下去，或者，自尊到了根本活不下去。

　　和「民以食為天」的千古明訓恰相反對，和低等動物功能單一、僅僅朝食物打開大門的嘴巴相比，人身上最大「漏洞」的終極定義，更應被該說成命運的通道、人生運程好壞的度量衡、生死之間的「一線天」……決不僅僅是押送太陽光線進入我們體內的前哨或第一站──因為寄居在一切食物中的能量，全部來自

8　《說文解字》。
9　赫西俄德：《工作與時日・神譜》，前揭，第22頁。

太陽和它弄出來的光線[10]。像其名字一樣神祕莫測的鬼穀子深諳
個中要訣：「口者，心之門戶。」[11]嘴巴，和占夢術比鄰而居的
「缺口」或「漏洞」，它當真像我老家的劍門關守護錦繡天府的
安逸和舒適那樣，在看顧我們身心的安全嗎？很顯然，不能用這
種簡單、幼稚的目光，去打量老奸巨猾的鬼穀子，去觀察只有鬼
穀子才配認領和接管的老奸巨猾──在中國，精通陰謀和隱忍之
術的人確實很多，卻沒有幾個令人脊背發涼、心上來冰的陰謀術
士，能達到鬼穀子的檔次，那個令人仰慕的級別。作為洞悉小人
社會和陽的世界全部祕訣的智者，鬼穀子的想法很可能是：在華
夏大地細密、剔透、滿是暗礁的語境中，只有不發一言的嘴巴，
才配充當保障性命安全之「門戶」，才能成為無法被逾越的關
隘，才有希望免於「口戕口」之悲劇。同鬼穀子的老謀深算與工
於心計相比，《國語》就顯得太樂觀、太小兒科，當然，你也可
以說它滿臉都是可愛的小酒窩：「且夫口，三五之門也；是以讒
口之亂，不過三五。」[12]「讒口」帶來的災禍（「亂」只是其中
的一種），怎麼可能只會多於「三」而又少於「五」？這到底是
哪門子的命運數學？很顯然，國家和人一樣，不可能分三次死
去，更不可能像制定「五年計劃」那樣，將死預先分成三個階段
去分頭完成，也不是《聖經》說的，「死亡和陰間也被扔在火
湖裡，這火湖就是第二次的死」[13]──人家《聖經》僅僅是迫於
上帝語義，才從死亡的角度，給了人一個隱喻性的勸誡、一種

---

[10] 參閱敬文東：《看得見的嘴巴》，《文學界》2007年第3期。
[11] 《鬼穀子·捭闔》。
[12] 《國語·晉語一》。
[13] 《聖經·啟示錄》20：14。

與死亡有關的地理學和方位學。死亡不允許我們對它抱持玩笑的態度。它提倡整體。它只強調一次性。儘管它在有些時候，看上去居然顯得有些迷人，但在達到頂峰時，卻會毫不猶豫地突然停止自己的旅程，只把虛無以骷髏為方式，饋贈給我們[14]。人身上唯一敢跟時間叫板的物件，唯一敢針對時間起義、造反的東西，馬馬虎虎地說，也就是那把老骨頭了。和鬼穀子的機心和小心翼翼相比，《國語》卻極富詩意地為嘴巴賦予了宇宙論的輝煌地位：口是用有聲的言語，來盛納日、月、星（即「三」）和金、木、水、火、土（即「五」）的器物。《國語》暗示說，只有通過「門」一樣的嘴巴，令人炫目的天體和組成宇宙萬有的基本元素，才有可能被人「心」所窺視，才能被我們內在地吞吐與吸納。或許不會有人反對：鬼穀子提供的方案太悲觀、太不近人情，幾乎不具備任何「可」操作性。因為只有在唯一一種情況下，牙齒，這個不著調的白色柵欄，才能幫助嘴巴阻斷對命運的言說，才能將「心之門戶」變作純粹的擺設、玩偶和絕對的荒蕪：揮牙自宮、咬斷舌頭，讓嘴巴成為言說上的太監。雖然白色柵欄的決絕和勇敢，並不能改變肛門的「嘟噥」聲否定一切的超常功能，但歸根結底，又能怎麼樣呢？誰又在乎小小一個屁眼為自己鳴冤叫屈？有那個必要嗎？

　　華夏古人的占夢術，很早就在對嘴巴的極度悲觀與過分樂觀之間的寬敞地帶，被組建了起來。啞巴不可能擁有占夢能力，就像太監無法生殖與繁衍。但啞巴能不能像太監收養義子那樣，

---

[14] 參閱保羅・紐曼《恐怖：起源、發展和演變》，前揭，第5頁。

領養或收留某一次流浪著的占夢行為？如果啞巴去占夢，那也僅僅是沒人能聽懂的雜亂音符，是近乎於純粹的物理學行為；作為終極太監的嘴巴，既配不上語言所要求的體面和尊嚴，又是對他自己或別人的蔑視、褻瀆和不負責任。除了馬克思所說的震動空氣、感動幾片微不足道的樹葉外，啞巴的行為，頂多類似於密室中的自慰——有棗沒棗，先打他幾竿子再說。但是，作為某種娛樂、某種被偷偷摸摸信奉的袖珍宗教，被領養的某次占夢行為肯定能讓啞巴享受到戰慄或絕望引發的興奮，就像特德‧休斯（Ted Hughes）刻意誇張的那樣：他「一聲長嚎，不知是出於痛苦還是歡樂」！——對此，除了領養者，誰也無從判斷，誰也沒有能力隨意置喙。倒是神學史研究者約翰‧鮑克（John Bowker）的精闢之言來得既恰到好處，又善解人意：「聲音與話語（Shabad）是有重要聯繫的。沒有構成話語的聲音，人是不能相互交往的，也不能和神相交往。只有通過話語，神才能被人瞭解。」[15]對此，古老的印度錫克教經典——《阿底‧格蘭特》——宅心仁厚地給出了答案：「神沒有形式，沒有顏色，也沒有物質對應體，而它是通過真正的話語顯現出來的。」[16]問題是，在「聽」覺良好的旁人「聽」來，啞巴鼓搗出的毫無方向感的「聲音」，跟舌頭與口腔交合才整出來的「話語」有什麼關係？它能給旁聽者清晰地報告神的旨意嗎？

　　面對這種似是而非的疑問，許慎很機警地說過：「占，視

---

[15]　約翰‧鮑克：《神之簡史》，高師寧等譯，三聯書店，2007年，第128頁。
[16]　《阿底‧格蘭特》597，參閱約翰‧鮑克：《神之簡史》，前揭，第128頁。

兆,問也,從莔口。」[17]看起來,僅僅從「生理」和「常識」的角度觀察,向夢境索取命運的資訊、密碼、口令和答案,一張功能齊全的嘴巴(我們身上最大的「漏洞」或「缺口」),才稱得上唯一的仲介與通道。但牙齒會不會充當有礙命運資訊順利出籠的暗礁與冰山?這個貌似有理、表徵著絕對懷疑主義者算無遺策的小疑問或小心思,不值得認真回答。「問也」來源於先民對命運的深刻恐懼,但必須落實在看似空洞的「口」中;可以被「觀察」的「夢兆」,來自做夢者夜間地球上瘋長的植物——它在忙於吞吐氧氣和二氧化碳——但必須經過「口」的運作、舌頭的攪拌,才能讓「『視兆』者」看見,繼而精確報告命運的行程:它真的存在嗎?它快來了嗎?它是不是就在我們宅院的三十華里開外處?作為懸在我們頭頂的達摩克利斯之劍,「口戕口」總是要求占夢行為必須小心再小心、一萬個小心——畢竟只有中庸主義的嘴巴,才能以它不高不低、不上不下、不左不右、不前不後的天然稟賦,報告大傢伙樂於接受的命運資訊。中庸主義的嘴巴對應於我們孱弱的內心,因為我們的內心對欣喜和恐懼的承受力,總是傾向於非常有限。大悲、大喜不僅十分難纏,還有礙健康,容易讓心臟充血、膨脹,增大腎上腺素的濃度;對嘴巴的極度悲觀或過分樂觀,都是極為有害的,能讓「更多的人死於心碎」[18]——在此,柯林・威爾遜(Colin Wilson)當真做到了一語破的:「足夠量的腎上腺素流入血液可能引起心臟(突然)停

---

[17] 《說文解字》。
[18] 出自於索爾・貝婁(Saul Bellow)一部小說的書名。

止跳動。」[19]何況在我們國土的每一個角落、每一片有瓦礫的地方，到處密佈著只願意傾聽好消息的皇帝、天子、朕、檢察大員、教主、法官、總統、主席，最要命的是：還有各種各樣的寨主、幫主和山大王……「『視兆』者」將嘴巴嚴格控制在中庸主義劃定的勢力範圍內，是占夢術的第一原則；按其本義，「漏洞」能夠「漏」出同命運相關的祕密與資訊，但「缺口」呢，也能假借各式各樣稀奇古怪的權力，在我們整體性命的要害部位，鑿開一個大大的「口子」，以方便性命快速流失——因被報告的命運密碼不受待見讓報告者死於非命的案例，古往今來，屢見不鮮。此處僅列一例：「吳王夫差夜夢三黑狗號，以南以北，炊甑無氣。及覺，召群臣言夢，群臣不能解。乃召公孫聖。聖被召，與妻訣曰：『以惡夢召我，我豈欺心者，必為王所殺。』於是聖至，以所夢告之。聖曰：『王無國矣！犬號者，宗廟無主；炊甑無氣，不食矣。』王果怒，殺之。」[20]看起來，嘴巴在有些時候，確實是討人嫌的，而討嫌的程度，肯定和權力的大小成正比——國王和皇帝的權力無疑最大，公孫聖因此有機會為「口戕口」做出絕好的演義。在生死一線天的那些個關鍵時刻，每個占夢者都得像鬼穀子教導的那樣，管住臭嘴、緊閉門牙。在更必要的時刻，大可以求助牙齒的自宮能力——敢於為某個更高的目的，摘除自家調皮搗蛋、惹是生非的「老二」，至少約等於「批評與自我批評相結合」的優良品德，值得仰慕，配得上三鞠躬的

---

[19]　柯林・威爾遜：《前言》，載保羅・紐曼：《恐怖：起源、發展和演變》，前揭，第i頁。

[20]　《太平廣記》卷第二百七十六。

待遇。

　　借用阿多諾1956年3月24日對霍克海默（M. Max Horkheimer）說的話，我們滿可以鸚鵡學舌：所謂占夢，就是「用來兌現動物眼中所看到的東西」[21]，就是追求一種僅僅寄存於想像中的因果關係，以求預知未來、窺測吉凶與禍福——同神祕莫測、威武英俊的宇宙自然相比，人除了充當人「口」中常常念叨和鄙夷的「動物」，又能充當什麼呢？對於占夢，亞里斯多德說得異常乾脆和篤定：「最擅長解釋夢的人，是能夠看出相似性的人。」[22]他自信的口吻，聽上去，就像本雅明在說剛剛被草創出來的攝影：「社會環境與風景（milieu）只向某些攝影家顯露，因為只有他們才曉得如何捕捉社會環境和風景在人臉上的無名表情。」[23]亞里斯多德並沒有告訴我們，應該從哪個角度去「看」、去「捕捉」？「相似性」又存在於哪個不為人知的角落？夢象，夜間地球上蓬勃生長的植物，在何種意義上跟何種命運的哪一個切片「相似」？很顯然，正是無處不在、觸目驚心的吉凶與禍福，激發了先民對命運的恐懼，鼓勵了他們對幸福、安康的渴望；而無處不在的恐懼和生生不滅的渴望，則催生、滋養和澆灌了想像中的因果關係。喬治・西美爾不知從哪個神祕的角落，獲得了自以為可以憑藉的底氣，以至於牛氣沖天地說：「在叔本華之前，還沒有人把幸福和受苦等同起來。」這是真的嗎？

---

[21]　洛倫茨・耶格爾：《阿多諾：一部政治傳記》，前揭，第4頁。
[22]　參閱G. 墨菲（G. Murphy）等：《近代心理學歷史導引》上，林方等譯，商務印書館，1980年，第371頁。
[23]　本雅明：《迎著靈光消逝的年代》，許綺玲等譯，廣西師範大學出版社，2008年，第39頁。

他是不是「揣著明白裝糊塗」？他如此搞怪，究竟為的是什麼
呢？事實上，恐懼，尤其是對死的絕對恐懼[而不是謝林（F. W.
J. Schelling）大肆稱頌的作為「人類第一個女教師」的詩人]，才
是人類反觀自身命運的首席教師，是促成占夢術誕生最終極、最
強大的動力：早在遠古洪荒之際，「受苦」就已經同「幸福」相
互雜糅、我中有你、難分難解；它們早就彼此相屬、互為鏡像。
這情形，宛若蘇格拉底臨終前幾個小時對死亡的感受：「朋友
們，真奇怪，這就是人們通常所說的『痛快』！怪就怪在這快感
是和它的對立面『痛苦』聯繫在一起的。」[24]——面對希臘大哲
的精妙感受，西美爾又該怎麼說？晚西美爾一百多年的保羅·紐
曼很牛氣地寫道：「死亡，就像出生和春天的交配繁殖一樣，成
為人與自然相互作用和不懈創新的媒介，在墳塚、聖殿和石陣結
構……中均被記錄下來。」[25]唉，可憐的紐曼，他為什麼要忽略
每一個部族都曾信奉過的占夢術呢？難道僅僅因為它是我們記憶
中的「非物質文化遺產」，而不是肉眼能夠獵取和收攝的墳塚、
聖殿、石陣結構？占夢術難道不正是死亡通過先民對想像中的因
果關係的不懈追求，才被創造出來的命運解碼術嗎？

　　令人欣慰的是，紐曼的低級失誤，他心不在焉中製造的那
記烏龍球，他思維上碩大的「漏洞」，被王符預先封堵與縫合
了。王符動用漢代特有的想像力，精闢地給出了占夢的一般原
則：「夫占夢必審其變故，審其徵候，內考情意，外考王相，則

[24] 柏拉圖：《斐多》60b，楊絳譯，遼寧教育出版社，2000年。
[25] 保羅·紐曼：《恐怖：起源、發展和演變》，前揭，第6頁。

吉凶之符、善惡之效，庶可見也。」[26]西美爾、紐曼等人不該懷
疑，這是中國特色的夢的符號學的根本路徑，也很可能是法國結
構主義者「嘴巴」裡津津樂道的「一般模式」──結構主義嘛，
總是樂於為自己領養一個一成不變的「模子」，以便於刻舟求劍
或以逸待勞；而以逸待勞或刻舟求劍，則意味著時間和空間絕對
分離。我保證，這一描述，同樣適用於結構主義本身。與此同
時，精研中國夢文化的劉文英先生，像個敬業的文物解說員，提
醒我們這些博物館的參觀者：所謂「變故」，就是夢因；所謂
「徵候」，就是夢象；所謂「情意」，就是夢者的心理狀況；
所謂「王相」，就是夢象在夜晚地球上被製造出來時的節氣與
時令[27]。但最後關頭才應運而至的「吉凶之符」與「善惡之效」
呢？容我補充一句：它剛好是「夢象」──本雅明所謂的「願
望意象」[28]──經由占夢術士的嘴巴，有意「漏」出來的命運密
碼，不可能是啞巴（或終極太監）自我娛樂、自我撫摸鼓搗出來
的胡亂音符。很容易分辨：夢象宛若一枚硬幣，它的正面是虛擬
的音響形象和視覺形象，是夢的「能指」（signifiant, signifier）
狀態；「『視兆』者」嘴巴中「漏」出的命運密碼，則構成了硬
幣的反面，充當著夢的「所指」（signifié, signified）狀態。在能
指依照某種激情和想像力，向所指轉渡、跳躍的過程中，先民們
想像中的因果關係被建立起來了，「受苦」和「幸福」之間水乳
相融的親密狀態，則被給予了神祕但可靠的依據；或者，想像

---

[26] 漢・王符：《潛夫論・夢列》。
[27] 參閱劉文英：《夢與中國文化》，前揭，第165頁。
[28] 本雅明：《巴黎，十九世紀的首都》，前揭，第6頁。

中的因果關係的被建立，促成了能指和所指之間、「受苦」同「幸福」之間的親密關係。這種想像中令人感動、感慨和感激的境界，恰似法國大哲巴雷斯（Maurice Barrès）一命嗚呼後，其情人安娜・德・諾瓦耶（A. de. Noailles）為他寫下的沉痛詩句之所說：

> 你躺在宇宙下，身體已經毀壞，臉上
> 一片昏睡的模樣，
> 而我，依然在流浪，不管我怎樣邁步，
> 都會踩在你的心上[29]！

　　中國人夢見掉牙，意味著「家裡有喪事」[30]；精神分析的紅衣主教，終生以「力比多」為學術思想主打的佛洛德博士，則十分篤定地認為：牙齒脫落象徵著「閹割焦慮」（castration anxiety）。唉，此公總是喜歡把夢象的「所指」（或稱「意義」），動不動就往做夢者的「老二」身上扯，以便跟他的學說遙相呼應、同氣相求。但這種令人難堪的、混亂的闡釋學困境，當真是索緒爾認為的，一種圓溜溜、紅撲撲、涼颼颼的水果，因為在盎格魯－撒克遜型號的嘴中發聲為「apple」，在漢語性的嘴巴裡成了震盪空氣的「蘋果」，就可以證明能指和所指之間的關係宛若青樓尤物一樣，是人盡可夫，是可以隨便胡來的嗎？我們的夢的符號學，不願意待見索緒爾過於輕薄、草率的看法；來

---

[29] 蜜雪兒・維諾克（Michel Winock）：《法國知識份子的世紀・巴雷斯時代》，孫桂榮等譯，江蘇教育出版社，2006年，第196頁。
[30] 《周公解夢書》。

源於華夏大地複雜地貌和心機的占夢術，也決不表明在夢象的能指和所指之間，僅僅擁有某種脆弱和任意性的聯繫——因為想像中的因果關係雖然無法得到實證，但支援它的心靈邏輯，卻總是預先就搶佔了能夠帶來百戰百勝之戰果的前沿陣地，何況它還征得了中庸主義之嘴的聲援呢。「家裡有喪事」和「閹割焦慮」的所指分歧（或闡釋學分歧），來源於中、西思維的深刻分野，出自於古、今思維的大異其趣。

漢人王符至少從視覺形象和空間主義的角度，給出了夢象的能指向所指滑動、躍進的「一般線路」：「凡察夢之大體：清潔鮮好，貌堅體健，竹木茂美，宮室器械新成，方正開通，光明溫和，升上向興之象，皆為吉喜，謀從事成。穢臭汙濁，腐爛枯槁，傾倚攲征，劓刖不安，閉塞幽昧，解落墜下，向衰之象，皆為兇惡，計謀不從，舉事不成。妖孽怪異，可憎可惡之事，皆為憂患。圖畫卵胎，刻鏤非真，瓦器虛空，皆為欺紿。倡優俳舞，並小兒所戲弄之象，皆為歡笑——此其大部也。」[31]跟白天的地球上視覺和聽覺擁有的正派癖好完全相同，潔淨鮮美、飄逸向上的夢象，恰好是夜間地球上的風和日麗、鶯飛草長和晴空萬里，是珍貴、飽滿和充滿喜氣的能指；它的所指，必將通過「『視兆』者」中庸主義性質的嘴巴，被完好地「漏」出，足以讓夢者快樂、微笑，甚至喜極而泣，以至於慫恿他們再接再勵、重做好夢。醜陋的、向下墜落的夢像是另外一回事，它表徵著凶兆、末路和厄運。這同白天的地球上視覺和聽覺擁有的正派癖好，依然

---

[31] 漢・王符：《潛夫論・夢列》。

十分吻合，宛如歌德曾在某個地方，針對另一種境況所調用的讚頌之詞：「有一種溫柔體貼的經驗，以內在的精神來認同客體，進而成為真正的理論。」但這些鮮活、宿命的所指，這些中庸主義之嘴「漏」出的命運資訊，之所以長期統轄先人的心靈，當真是老歌德肆意嘲笑教會之於基督徒那樣，僅僅是「一批目光短淺的群眾向它鞠躬」嗎[32]？

讓德意志大師、魏瑪樞密官憤懣和不「爽」的是，因為有心靈邏輯從旁聲援，想像中的因果關係根本不是他臆想中的那麼可笑，那麼不堪一擊；由於《夢林玄解》的大力援助，王符給出的「一般線路」再一次得到令人信服、令人感激的加固：「若天晴、日麗、宮宇莊嚴、服飾新整等類，吉征也。或天晴而忽暗、日麗而忽昏、宮宇服飾初完好而忽頹敝，則吉裡藏凶。如途濘水濁、形體臭穢、草木枯槁等類，凶朕也。或途濘而忽開、水濁而忽澄、形體草木汙朽而忽潔鮮，則凶中帶吉。」[33]瞧瞧，在古漢語的玲瓏剔透中，在它的祖先預先給予的字正腔圓中，占夢術不僅從美學角度，從審美心理學的戰略高度，讓夢象的能指和所指之間獲取了一種穩固的、非任意性的聯繫，還得到了一種似是而非、號稱「吉裡藏凶」和「凶中帶吉」的辯證法的熱烈支持，以至於能讓它處於「金槍不倒」之境——而「有關部門」早就將辯證法內定為人類思維的最高範疇。謝天謝地，有且只有辯證法才沒有「練門」和「七寸」，有且只有辯證法，才是沸騰我們思辨的春藥和「偉哥」。這種令人感動的情景，倒更像西美爾對貨幣

---

[32]　《歌德談話錄》，朱光潛譯，人民文學出版社，1978年，第254頁。
[33]　明·陳士元撰、明·何棟如補輯《夢林玄解·夢占》。

的真誠「禮贊」：由於金錢語法的出現，「彼此尖銳對立、遙遠陌生的事物找到了它們的共同之處，並相互接觸」[34]。讓索緒爾大失所望的是，「家裡有喪事」和「閹割焦慮」的所指分歧，反倒完美無缺地證明：中國的夢的符號學同想像中的因果關係，總是傾向於處在婚配狀態中——蜜月還將是永久性的。而且，這種神祕的「永久性」，願意部分性地贊同或分享J. H. 米勒（J. Hillis Miller）的如下描述：「也許這個詞本身就是『目的地誤差』的結果，它從一個地方漫遊到另一個地方，在一定程度上理所當然的是，其意義總是已經在其他某個地方就被確立了。」[35]有想像中的因果關係從旁伺候，夢象的所指（即「意義」）早已被預先確定、不復更改，宛若荒謬、有悖常理的「白髮三千丈」，經老頑童李太白一番鼓搗、轉折和打磨後，立即天衣無縫地跟現實中的「緣愁似個長」合理地拼貼在一起。

在嘴巴的勞作與援助下，在它被賦予的宇宙論模式中，在「以日、月、星、辰占六夢之吉凶」[36]後，我們恐懼著和嚮往著的先民們，終於吃到了既速效又珍貴的定心丸：或驚恐而平靜地等待災禍到來，或懷著興奮與喜悅的心情，守候好運如期蒞臨——既然命運早已被預先確定，先民除了被動接受，又能怎樣？還能怎樣？有且只有嘴巴，才能將雜亂無章的「聲音」，轉換為意義明確的「話語」，才能將宛若自然之物一般的夢象，拉進語言空間之內，因此，夢象才能在被想像著的因果關係中，變成表

[34] 參閱劉小楓：《揀盡寒枝》，華夏出版社，2007年，第58頁。
[35] 參閱陶家俊：《思想者的黃昏》，《文景》2010年第7期。
[36] 《周禮·春官·占夢》。

徵禍福、吉凶的神祕現實；因此，萌生於、植根於絕對恐懼的占
夢術，既是一項神祕的認識論活動，又是我們觀念和心靈深處揮
之不去的宿命論。而渴求中被想像著的因果關係，則趁機認領了
它必須要為認識論和宿命論辛苦效勞的雙重任務。中國的占夢術
建立在宿命論的基礎之上，20世紀的法國人熱衷於鼓搗的結構主
義，則智商極高地主動發現了宿命論。和被迫捕捉命運密碼的占
夢術相比，擁有絕對「主動性」的結構主義反而顯得更為悲觀和
絕望──一切祕密，就存在於「被動」和「主動」的態度之中。
這種長期和我們打啞謎、捉迷藏的境況，是否能夠證明人類始終
走在通往「進步」的康莊大道上？歐陽江河以決絕的語氣，否決
了這個疑問。但他把「問號」（「？」）卷成了一個圓圈（即
「。」）：「今人越是萬有，越是一無所有。」[37]想像中的因果
關係對應於命運的不確定性，還和對未來的恐懼心理恰相對稱
──但把它們連接起來的，是筆挺、坦率的直線，不是想像中甜
美、柔順的弧線。所謂夢的符號學，就是想像中的因果關係認同
它的宿命論「走卒」和認識論「爪牙」的雙重身分。這種過於詭
異的身分認同，促使夢的符號學迅速走向夢的闡釋學。占夢術就
是闡釋學和符號學的兩位元一體，何況在能指和所指之間建立起
來的穩定關係，就是為了呼喚夢的闡釋學能夠儘快現身。夢的符
號學是夢的闡釋學的接生婆；而讓夢的符號學受孕的，則是死亡
的必然性，是難以索解的命運的歧義性，也是黑黝黝的恐懼和無
法被縮減的怕。占夢術的血緣和身世，決定了夢的闡釋學只能是

---

[37] 歐陽江河：《泰姬陵之淚》，《今天》2009年第3期。

關於命運和生死的闡釋學，是恐懼和怕的輻射形式，是對未知的將來的強行介入——卻又採取了小心翼翼、躡手躡腳的行進姿勢。它穿行在夢象的邊緣，打量著夢象的臉色，感知著夢象的溫度和濕度，為夢象尋找言辭性的屋宇，希望能在中庸主義之嘴的運作與協助下，探出它的小腦袋——那些沒能留下名號與姓氏的先民，是不是無數次瞧見了矗立在小腦袋上眨巴著的小眼睛？

　　面對這種嚴峻的現實，作為飽學鴻儒的榮格顯得既幼稚，又有些大煞風景。他像個冬烘先生或老牌學究一樣認為：「夢的內容之所以如此費解，是因為夢使用了無意識的語言。我們在意識狀態要想理解夢的意義時，就會覺得無意識的語言似乎不合邏輯。無意識的語言具有象徵性，因此釋夢的目標就是解譯夢的象徵意義，從而弄清它的真正意義。」[38]頗具幾分搞笑特性的是，這種疑似「科學主義」的占夢術，到底遊蕩在我們思維中的哪個陰暗角落？誰能準確報出它的座標或經緯度？當真有人能「科學地」把無意識世界的語言，翻譯成英語、德語、法語、俄語、梵語，或譯成擅自將「apple」認作「蘋果」的漢語？至少，榮格自命的「科學釋夢」工作，已經招來了太多的嘲笑和譏諷，就像說英語的斯特勞森（Peter Strwson）從語言哲學的角度，描述過的某種令人難堪的事實：「出殼後存留下來的東西，就可能是沒有什麼吸引力的。」[39]榮格會同意這等含沙射影、指桑罵槐的判詞嗎？從未自稱「科學」的中國占夢術，因為有夢的符號學和

----

[38]　參閱梅芙・恩尼斯等：《夢》，前揭，第76頁。
[39]　彼得・F. 斯特勞森：《個體：論描述性的形而上學》，江怡譯，中國人民大學出版社，2004年，第79頁。

想像中的因果關係從旁助威、壓陣，卻顯得極為複雜、囉嗦、詭異和繁瑣。它不僅要面對「正夢」、「噩夢」、「思夢」、「寤夢」、「喜夢」和「懼夢」（此即所謂「六夢」）[40]，還必須動用現代人替它總結出來的各種占夢技巧：象徵法、連類法、類比法、解字法、諧音法等等亂七八糟，卻又能表徵想像中的因果關係、準確影射認識論和宿命論的各種技巧[41]，宛若弗朗索瓦·于連（Francois Jullien）諷刺過的，在法語詞典裡，「被稱作『中國人』者，轉義為『過分追求繁瑣的人』。」[42]他媽的，這種打胡亂說、張冠李戴的詞典想幹什麼？法語詞典當真相信自己擁有包打天下的能力？其實，它狗屁不是，僅僅是法國人日弄出的紙張祖宗——當真是穿上馬甲，就變成上帝和「奧特曼」（Ultraman）了？這種當街手淫的舉動，實在是太孟浪了。而我們的「繁瑣」剛好表明：宿命論既渴望從認識論的角度，找到能夠表徵宿命的答案，以便「定心丸」被快速地配製出來；認識論又極其願意動用想像中的因果關係（而不是「科學」），為恐慌中的華夏先民找到可以遮雨棲身的言辭性茅屋。本雅明自殺前不久驕傲地說過，他寫下的每一個詞，就像猶太教經典中的詞一樣，擁有四重含義。命運，尤其是中國人雲詭波譎、狡詐無比的命運，它如此晦澀難識，如此瞬息萬變、朝不保夕，又豈止區區四重含義就能輕易對付得了？與命運相對稱的夢象，不經過「繁瑣」的工序、「繁瑣」的心智，有能力報告命運的腳程嗎？能讓恐懼

---

[40]　《周禮·春官·占夢》。
[41]　參閱劉文英：《夢與中國文化》，前揭，第132頁以下。
[42]　弗朗索瓦·于連：《迂迴與進入》，杜小真譯，三聯書店，1998年，第1頁。

著、嚮往著的華夏先民，心悅誠服地接受他們各自的命運嗎？

在遠古時期極具童年夢幻和胎記色彩的經驗主義大腦中，有原始粗糙、似非而是、極具恍惚特性的辯證法鼓勵和充當幫手，夢的歧義性早已被認作命運的對稱物；夢的神祕性則得到了先民們的極度恭維，被拍馬屁般，一致看作影射了死、死的鄰居與親戚。它們終其一生，都住在同一條街道；它們之間的關係，是某些人所說的互為「隔壁老王」，很容易實施不被道德準則認可的通姦行為。很顯然，宇宙和自然萬有的神祕，只是外部的神祕，更多的時候不屬於人、人的思維和心靈；做夢者在夜間地球上製造的夢象（博爾赫斯稱之為「黑夜半球的快樂」[43]），卻是只有我們的身心關起「門」來，才能感知和享受的內部神祕。外部神祕固然讓先民恐懼，內部神祕則構成了先民們心中雙倍的怕。但它能否跟夢鄉饋贈給我們的雙倍人生相對稱？這是暫時無法回答的問題，也是無需回答的問題。或許，正是雙倍的怕（而不是外部神祕），才讓班固——被劉姓皇室包養起來的正統學者——願意代表大漢王朝下結論：「眾占非一，而夢為大。」[44]看起來，腐朽的帝國和「屁民」或「牲人」（homo sace）[45]一樣，也有它繁複難解的夢象和內部的神祕，急需夢的符號學和闡釋學前來效命。面對帝國和皇室滿是疑問的小眼睛，面對因渴望而半張著的大嘴巴和完全敞開的小耳朵，占夢術士（或「『視兆』者」）應

---

[43] 《博爾赫斯文集·詩歌隨筆集》，陳東飆等譯，海南國際新聞出版中心，1996年，第57頁。

[44] 《漢書·藝文志》。

[45] 參閱吉奧喬·阿甘本（Giorgio Agamben）：《生命的政治化》，嚴澤勝譯，汪民安主編：《生產》第二輯，廣西師範大學出版社，2005年，第219頁

該牢記有關「口戕口」的格言——畢竟和低級「牲人」的心理期
待相比，帝國和皇室擁有更為脆弱的心臟和脈動，它因此更有理
由需要好消息。帝王們總是傾向於國家主義占夢術能儘快拋棄它
的宿命論特徵，強化它稀裡糊塗、稀裡嘩啦的認識論特質。這是
世俗權力對占夢術的脅持、綁架和誘姦。

很可能出於跟班固極為相似的考慮，朱熹，洪武皇帝為自
己認領的祖先，選擇性地忘記了「六合之外、存而不論」的儒門
聖訓，聯合他的前輩、鼓勵他的後輩，將占夢術提升到天－人高
度。在趙宋王朝偏安、苟活於武林之時，搞大兒媳婦肚皮、為栽
贓同僚拷問過某青樓尤物的朱夫子，拿著雞毛當令箭，宣稱占夢
術是先王、聖人治理天下的重要方式，擁有十分重大的合理性：
「人之精神與天地陰陽流通，故晝之所為，夜之所夢，其善惡吉
凶，各以類至。是以先王見官設屬……占六夢之吉凶，獻吉夢、
贈惡夢，其於天人相與之際察之審矣，經之至矣。」[46]朱夫子對
占夢術的言說，跟《國語》賦予嘴巴以宇宙論的地位大有異曲
同工之妙；但除此之外，他是不是更想說：既然所有王朝都自
稱上奉「天命」，因此，與上天狼狽為奸的王室成員肯定只做
「吉夢」？而那些不幸崩盤、「垮桿」、「悖時倒灶」[47]的「二
桿子」[48]王朝，是不是臨終前，都被贈予了一麻袋、一火車皮的
「惡夢」？和乾癟、乏味的朱熹相比，中國占夢史上的大師級人
物陳士元，反倒說得更加沒有新意：「天人同應，相應而不遠。

46 宋·朱熹：《詩集傳》卷十一。
47 蜀語，都是「垮臺」的意思，是「崩盤」的另一種方言性說法。
48 蜀語，意思是不入流、不正經或不正宗。

先王必立官，以觀妖祥、辨吉凶，所以合天人之際，使之無間
也。」[49]這個陳某人，好像沒有被封為「理學家」嘛，為什麼也
要擺出一副「雖不能至，心嚮往之」的儒門做法呢？

　　陳士元的鸚鵡學舌，願意將「沒有新意」推進到底的光棍風
格，除了朱熹沒有說出的潛臺詞外，或許正好可以表明帝王、皇
室和天下「牲人」對待占夢術的普遍態度：以天人相與的名義，
隱藏起想像中的因果關係曾經認領的宿命論「行走」的身分，故
意強化它的認識論「爪牙」的向度，但又在有意無意間，將中庸
主義的嘴巴給成功地隱藏起來了。不過，老謀深算的陳士元，怎
麼可能忘記這個大漏洞？何況這個漏洞還要為烏龍球的到來鳴鑼
開道。為此，他在另外的地方，特意點出了占夢術的特殊性：
「夫兆倚龜而征，易賴蓍而顯。蓍、龜，外物也，聖人設教利
用，猶足以通乎神明，稽乎大疑。乃若夢本魂涉，非由外假，度
其端倪，探其隱賾，則榮枯得喪，烏得而違之者。」[50]瞧瞧，在
「絕地天通」之後很長一段時間內，作為對失落的上天的補償，
占夢術被認為無論對個人還是國家，都具有重要性，以至於劉文
英先生在檢索了中國夢文化史之後，深有感慨：「占夢在史前時
期，本是基於夢魂觀念自發形成的一種民俗和迷信，後來在氏
族、部落的活動中也成為重要的占卜形式。殷王和周王則把夢的
迷信活動明確規定為官方的信仰。周王更進一步把占夢制度化，
用占夢來觀察國之吉凶，決定國之大事。這就使占夢活動與占夢
文化的社會地位與社會影響達到了它的頂峰。在整個殷周時代，

---

[49]　明・陳士元：《夢占逸旨・眾占篇》
[50]　明・陳士元：《夢占逸旨・長柳篇》

社會上下都完全為占夢所禁錮。除了絕對的、無條件的信仰之外，沒有任何人懷疑占夢的神聖性和權威性。」[51]朱熹向先王聖人致敬、向皇室溜鬚拍馬，我們不用理會，陳士元的了無新意也不必掛懷。問題是，即便有官方提倡，我們的先王和聖人真的願意聽從占夢術士報告的消息，像個「實事求是」的中共黨員，像個「尊重客觀事實」的馬克思主義者那樣，依照被報告出來的吉凶、禍福之詞，毫不走樣地去治理「他」的──而不是天下人的──天下嗎？連劉先生也無法否認，一部中國占夢史有分教：我們從中看到的，主要是吉夢，是帝王註定要登基成為帝王的好兆頭，是顯示帝國將繼續繁榮昌盛的優質密碼──它們都被被包養的官辦占夢術士，被國家主義的「『視兆』者」，給一一報告出來了。「口戕口」是不是帝王和占夢術士共同維護的禁忌？如果不是這樣，為什麼後人看到的案例，大都是王侯將相光鮮無比的吉兆？看起來，我們身上最大的「漏洞」對最大的「缺口」，總是持有異常警覺的態度……

　　梅芙・恩尼斯以知情人的身分知會我們：夢的採訪術（dream interview）是美國人蓋爾・德萊尼（Gayle Delaney）女士的發明。作為精通「夢史」的人，恩尼斯實在不該有這等重大失誤。她應當知道，占夢術才是這個星球上最古老的「夢的採訪」，甚至早就是「夢的解析」了。無從準確查考其生活年代的巫咸，被認為是中國歷史上第一位占夢師，是第一個將夢象的能指與所指合二為一的人物，是第一個將宿命論和認識論揉在一起的智

[51] 劉文英：《夢與中國文化》，前揭，第47頁。

者。作為雲遮霧罩、神龍見首不見尾的占夢大師，巫咸為中國占夢術奠定了最基本的方向，開創了中國占夢史上的「軸心時代」（Axial Age），但他留下的占夢案例卻十分鮮見，搞得我們這些蓄勢待發，想真誠讚美他的人，卻「狗咬烏龜——無從下口」，熱臉蛋貼上了冷屁股。儘管殷商王室早就開始用甲骨占夢[52]，周人還設有專門的占夢之官[53]，但更多的占夢高手，卻隱藏在民間，寄身於鄉野閭巷，像我們這些毬不囉嗦之人一樣，很少有機會拱入官方正史、潛伏在宮廷官衙——在全地球的歷史上，可能只有中國的「牲人」才算失敗得最為乾淨、最為澈底：我們在二十四史中，能看出他們究竟在怎樣起居和生息嗎？但這並不妨礙占夢術士動用夢的符號學和闡釋學，為帝王、為凡夫俗子破解吉凶禍福。在所有占夢案例中，屬於帝王的案例總是格外讓人感興趣。這種微妙、離奇的心理，很可能對應於「皇帝輪流做，明年到我家」[54]的俗語所昭示的含義。這種樣態的俗語，既能鼓舞一批有志之士逐鹿問鼎，也會嚇壞現役君王。對豪言「彼可取而代之」、「大丈夫生當如此」[55]的成功主義者，誰又不想讓去充當至高無上的「餘一人」[56]角色呢。毫無疑問，所有的開國皇帝，都是些有遠大理想的人，都是成功主義哲學的擁護者，都有我們這些「燕雀」不可能知道、也不可能理解的「鴻鵠之志」，但也不能因為他們像剛出爐的處女饅頭一樣光鮮無比，就忘記他們還

---

[52]　參閱《甲骨文合集》「天文曆法」類和「吉凶夢幻」類。
[53]　參閱《周禮・春官・占夢》。
[54]　明・吳承恩：《西遊記》第七回。
[55]　《史記・項羽本紀》。
[56]　參閱《尚書・盤庚》、《禮記・玉藻》、《禮記・曲禮下》等。

都是些孔夫子詛咒過的「亂臣賊子」。要不，清人唐甄，我的四川鄉賢，怎麼會說出「有秦以來，凡為帝者皆賊也」[57]這等大逆不道的大實話？所以，帝王，尤其是開國之君，假如他還算英明的話，必須要有意識地壟斷「吉夢」。連土包子陳勝，也知道在某座墳墓後邊裝神弄鬼，知道往魚肚子裡邊塞私貨的效用和妙用──但首先得借用一張善解人意的「吉口」。好在這種性質的嘴巴，在被普遍規訓過的中國遍地都是，而且，它們還總是傾向於主動寬衣解帶、投懷送抱。因為這種成色的「漏洞」，決不會讓自己的「缺口」變作定時炸彈──屬於嘴巴的人仰馬翻、屍橫遍野，肯定與這種型號的嘴巴絕緣。

　　作為五百年一出的亂臣賊子，隋文帝楊堅黃袍加身之前，「堅」稱自己做了一個怪夢：只有右手沒有左手，成了夢中的獨臂翁。他被嚇壞了嗎？他也許暫時收拾起謀逆弒君的遠大志向了吧。但一個老僧──所有老僧據說都「戒行高潔」[58]、不打誑語──卻隨即給出了占夢之詞，遮罩了楊堅的恐懼心理：沒有左手，即為獨拳（權），不久當為天子。有這等質地優異的「吉口」透露天意，楊堅頓時堅定了革命鬥志，打定了按時、按質稱帝的決心。作為對「吉口」的回報，此人登基後，很快將老僧居住的破廟，改建成富麗堂皇的「吉祥寺」[59]──瞧瞧，一座以「吉祥」命名的寺廟，對得起當初為「亂臣賊子」打氣、鼓勁的「吉口」，也呼應了「吉」祥之「口」。和楊堅相比，不久後推

[57] 清・唐甄：《潛書・室語》。
[58] 參閱《太平廣記》卷二七七。
[59] 參閱《太平廣記》卷二七七。

翻他花花江山的李淵更有趣，做的夢更富有傳奇色彩，但也更汙穢可怖：在「與劉文靜首謀之夜，高祖夢墮床下，見遍身為蟲蛆所食，甚惡之。詢於安樂寺智滿禪師，師曰：『公得天下矣！床下者，陛下也；群蛆食者，所謂群生共仰一人活耳。』高祖嘉其言」[60]——李淵後來果如禪師所言，成了「高祖」。沒說的，皇帝對僧人——尤其是不打誑語的老僧——的徵用，很有效，很管用，很具有鮮明的中國特色。李白到底是早有先見之明，還是在刻意諷刺某些奇妙的景觀呢？他說：「磋予落魄江淮久，罕遇真僧說空有。」[61]我們從那些作為「馬屁精」（而不僅僅是「人精」）的僧人身上，是否還能看得到一點兒「涅槃」、「寂靜」的影子？是他們真的得道覺悟了，還是想「投機倒把」似地鼓勵「亂臣賊子」成為明君，以便拯救天下蒼生？朱熹津津樂道的「獻吉夢、贈惡夢」，說的是否就是這個意思？指稱的，是否就是這個去舊布新、去偽存真的過程？真奇妙啊，在「亂臣賊子」和開國聖君之間，在舊王朝和新帝國之間，區區一個「獻吉夢」、一個「贈惡夢」，居然就能充當最穩固的橋樑。更奇妙的是，在面對「贈惡夢」時，「獻吉夢」有點類似於路易士・卡洛爾（Lewis Carroll）書中為即將被海象吃掉的牡蠣而哭泣的那頭海象。海象對牡蠣說：「我為你而哭泣，我無比同情你。」但這種沉痛之言並不妨礙海象「一把鼻涕一把眼淚，挑食著大個兒的牡蠣」[62]。秉承「辯證法就是變卦」的本來語義，話又說回來

---

[60] 參閱《太平廣記》卷二七七。
[61] 唐・李白：《贈泗州僧伽歌》。
[62] 參閱艾瑞克・霍布斯鮑姆（Eric Hobsbawm）：《非凡的小人物》，王翔譯，新華出版社，2001年，第306頁。

——也必須得把「話」給「說回來」——如果那個老僧、那個禪師真的不解風情，大膽將獨缺一手、遍身蟲蛆這等汙穢而向下沉的夢象按其本義進行傳釋，他們的吃飯之口，還能繼續押送太陽光線到達腸胃的最深處嗎？和僧人們「涅槃」、「覺悟」的修身目標比起來，「言」之「口」的重要性，仍然要讓位於「食」之「口」的緊迫性。

　　……我看，帝王們的夢象，就不用再說了吧？既然是帝王，他做的每一個夢，肯定都跟天下蒼生有關：或拯救他們，或蹂躪他們。我同意，我必須嚴重同意，反正滿世界都是些毬不囉嗦的「牲人」，帝王們實在沒必要客氣：該抓抓，該殺殺，該剮剮，該斃斃——有什麼道理好講！我還要主張：生日不好不能怪父母，命苦不能怨政府。實際上，恐怕連你娘親都不知道，究竟是哪一顆神祕的子彈命中了靶心、打了個十環，才讓你落草來到人間，何況，他們還有那麼多你根本來不及興師問罪的即興時刻；全地球的各家政府呢，早就皈依了唯物主義，相信科學、理性、各式工具和市場，信任任何一種在它們看來值得信任的東西，總而言之，早他媽不信神了——何況占夢這等低級巫術、旁門左道，肯定會嚴重干擾「科學發展觀」自身的「發展」。身為低等「牲人」，我建議，我們就得知趣地認命。因此，以下發問，只能算我無聊，只能算我無話找話，類似於言說上的終極太監在密室中的自慰，僅僅是為了給自己找點樂子：我們這些失敗主義者又該怎樣利用占夢術，利用想像中的因果關係？嘿嘿，作為天天做夢的人、屢教不改的夢奸犯，我對自己的無聊發問的更加無聊的態度只能是：既然失敗是天定的，那就不用理睬所有占夢術，

因為我們的每一個夢象不用說，都表徵失敗。我們唯一需要求助
於占夢術的，僅僅是想知道：我們將以何種樣態、經過何種步
驟、在怎樣一步步獲取失敗；在何種時刻，需要何種條件，我們
才能佔據「失敗」一詞的語義最頂峰──那極有可能是「毬不囉
嗦之人」在醉醺醺的飄飄然中，能夠感覺自己「玉樹臨風」的唯
一時刻。

　　除了數量極少的人間尤物，除了「被出生」（即I was
born……）那一刻有能力回望來路的傢伙，絕大多數像我一樣的
人，都不可能聽見或記得自己的第一聲哭叫。但用不著任何政府
部門動用任何型號的指示、通知、條陳、詔書、文字獄或紅頭
檔，我都有十足的把握肯定：我的「處女哭」，是我獻給這個世
界的第一份見面禮──我的母親，您一定還記得讓您受難的那個
日子吧。那一刻，您多麼年輕，懷揣著多少令人同情的期望……
在接下來的歲月，在這個自稱待我不薄的世界，我曾哭過、罵
過、笑過，還曾強迫自己耐著性子手舞足蹈過、眉飛色舞過。但
那都不過是為了向它溜鬚、獻媚和拍馬，不過是想從它那裡撈
些好處。但最終，我就像17世紀末某個法國人所說：「我有一
塊低劣的田地，只能收些小麥，所以我把它賣了……」[63]如今，
跟這個世界周旋了一番後，母親早已退休，我也人到中年，正皮
裡陽秋、昏昏霍霍，走在我拜過碼頭、見過舵主和英名領袖的世
界，這個我曾經想索取點什麼卻最終未遂的地方，知趣地放棄了
奢望、賣掉了「低劣的田地」，不再求助於夢的符號學、闡釋

---

[63] 薩比娜‧梅爾基奧爾－博奈（Sabine Melchior-Bonnet）：《鏡像的歷史》，周行
譯，廣西師範大學出版社，2005年，第1頁。

學，對夢的宿命論和認識論也沒有多少熱情和興趣。至於「口戕口」，怎麼可能跟我有關係呢──我又不曾「獨拳」過、渾身蛆蟲過。我又不是占夢術士。但不好意思，跟那些天天祈求占夢術保駕護航的強人和成功人士一樣，我也在吊兒郎當地同時光勾肩搭背，在走向自己的未來。「我的未來不是夢」？以這區區七個漢字充當題目的流行歌曲，穿過末流歌星的嗓子眼，一次又一次來到我跟前，究竟想幹什麼？免費給我提供希望嗎？問題是：我還需要這等廉價、膚淺和可有可無的希望嗎？

　　我來到這個世界，最多「只能收些小麥」，或者，最多是個幫母親打醬油的孩子，僅僅希望買回來的黑色液體，能給正在被母親爆炒著的回鍋肉增添一點光彩──真沒想到，眨眼間，我就走了這麼遠，人到中年，卻依然還在天天打醬油。當然，回鍋肉，美妙的回鍋肉，勾引我滿口生津的美味，只是為了滿足我腸胃中蓬勃生長著的「饞口」。但最終，還是為了那一記帶有甲烷味道的「嘟噥」聲，以便讚美，是的，讚美我無限熱愛過的世界──你想想，一個毬不囉嗦之人，又能有什麼新鮮、潔淨、向上飄逸和表徵著登基的夢象呢？他還有什麼像樣的機會，用什麼像樣的東西去讚美什麼更高級的玩意兒嗎？實不相瞞，我們這些人早就想好了：「此處不留爺，自有留爺處；處處不留爺，老子投八路。」──恰如一首破罐破摔的歌謠之所唱。

　　母親，在麻將桌上安享晚年的母親，您聽見我的話了嗎？我自暴自棄，毀滅了您在讓我出來時懷有的全部期望，您對此有何感想？唉，面對我一臉的頹唐和落魄模樣，我知道，您已經沒有心思再次舉起雞毛撣子……

六、夢境等級制度

　　大地啊，綿延起伏、豐腴肥沃，卻有意在某些時刻讓我們陷入難堪之境的大地！你慷慨、仁慈地給各種陸生動物提供了活動舞臺，讓他們（它們）邁動腳步、戰鬥博弈、生息繁衍、彼此掐捏和相互打壓……最終，讓他們（它們）依據叢林法則，營建起滴水不漏的食物鏈，以便他們（它們）當中自以為大有力量的某些個體，突然間興致勃發，頓起領袖群倫的雄心壯志，宛若喬治・巴塔耶（Georges Bataille）之所說：「在這個充滿許多不確定的可能性的世界上，我們不能想像有限的團體生活所固有的緊張感，敵意常常將這些有限的團體分開。」[1]但「分開」後的那些小「團體」呢？肯定有人思謀著，想將它們收歸己有。而億萬年來高高在上的天空，則在逼迫人類懂得何為敬畏，敦促他們把對「渺小」的認識，盡可能歸於內心、落到實處。從我們的祖先撥開樹枝偷窺青天的那一刻起，能讓人一眼洞穿的「向上」和「向下」，就被賦予了價值論維度上的含義。它們是「深淵」為自己配備的兩個極點：一頭飄逸著伸向天空，另一頭，則主動拱入地獄。法國詩人，著名的「中國通」，維克多・謝閣蘭（Victor Segalen）著重提到了後者：「人面對深淵，低頭沉思。他在洞穴深處看見了什麼？地下的黑夜，陰暗的王

---

[1]　喬治・巴塔耶：《色情史》，劉暉譯，商務印書館，2003年，第27頁。

國。」[2]而對於雁鳴陣陣的天空，亞里斯多德說得既乾脆，又篤定：「每一個部族都有神的觀念，都把『最高處』分配給神性，無論是野蠻人，還是希臘人。」[3]作為「希臘人」（而不是「野蠻人」）的亞里斯多德，很可能是為了突出天空，有意放棄了對地獄的議論和描摹。他似乎高傲得不屑於說地獄的風涼話，不願意正眼看待「深淵」的最低處。但作為天空的陪襯物、「向上」飛升的目擊證人，地獄，那個黑洞洞的處所，依然彌散於、呼吸於亞里斯多德精準言辭的每一個角落，每一個幽暗的旯旮。超級讀者列奧‧施特勞斯（Leo Strauss）早就從希臘古哲們的著述中，辨識出兩種完全不同的書寫方式：「顯白」與「隱微」[4]。「顯白」嘛，就是直接說出，讓無知無識的群眾虔心遵從的意思；「隱微」呢，就是不說出，但它依然還「在」「那裡」，以供哲人們私下傳播和討論的意思——這就是「地獄」暗自存活於亞里斯多德言說之內的理由和假設。

雖然同「四書風、雅、頌」恰相對仗的「三光日、月、星」，是天空的三個傑出代表，代表了天空最權威的面容和腰身，代表了天空最高邁的境界和品質，代表了天空最具有籠蓋四野、君臨一切的癖性與能力，但毫無疑問，太陽，最耀眼的天空實體，才是「三光」中最優秀的角色，最名副其實的主演，也是天空最樂於表彰和寵愛的「紅人」，並且始終是最「紅」、最「紅」的那唯一一個「人」。因此，赫西俄德才願意意味深長地

---

[2] 謝閣蘭：《碑》，車槿山等譯，上海人民出版社，2009年，第26頁。
[3] 亞里斯多德：《論天》270b2。
[4] 參閱邁爾（Meier）：《古今之爭中的核心問題——施米特的學說與施特勞斯的論題》，林國基等譯，華夏出版社，2004年，第218頁。

告誡其同胞：「不要面對太陽筆直地站著解小便，要記住在日落和日出這段時間裡幹這事。」和所有的「菲利斯中心主義者」（Phalluscentrist）的做法十分類似，赫西俄德也沒有教導只有蹲著才能小便的女人，面對被太陽、月亮和眾多星辰裝飾的天空，該在何時、採用何種姿勢，解決寄存於她們肉體中的「內部矛盾」。赫西俄德離題萬里，「王顧左右而言他」，只輕描淡寫地建議那些「頭髮長，見識短」的主，要在每個月的第十二個日子裡「搭起織機，開始自己的工作」，因為「十一日和十二日兩天都是好日子……但十二日比十一日更好」。據赫西俄德保證說，這還是人家「無所不能的宙斯定下的，只要人們能不把它們搞錯了」[5]。但屎尿不等人，誰又顧得上太陽在怎樣無所駐心地旅行和運轉呢？針對微不足道的撒尿問題，此公竟說了那麼多遠到天邊，又不著邊際的廢話。這究竟是因為女人釋放的液體沒有褻瀆神靈的才華，還是赫西俄德瞧不起她們小便時的複雜姿勢？看啦，在古希臘的崇山峻嶺間，在愛琴海的眾多拐彎處，她們寬衣解帶、屈身下蹲、翹臀放水，再用一連串哆嗦和顫慄，充當整個過程的裝飾物，確實比男人們顯得過於繁文縟節。但天空及其主要代表的出現，畢竟給人類畫出了一個巨大的界限，決不允許輕易被冒犯，更不允許被男男女女把持的撒尿姿勢所褻瀆——但這是天空和「三光日、月、星」的意思，還是古希臘詩人深埋內心的一廂情願？天空真的會被正宗凡人長期推崇嗎？對此，鍾鳴有過很好的陳述：「人和太陽都照著自己的容貌相互畫肖像，打一

---

[5]　赫西俄德：《工作與時日・神譜》，前揭，第22-23頁。

開始就是個同心圓，其運動的基本功能和方式就是重疊、覆蓋和氧化……」[6]鍾鳴到底想說什麼？他在讚美人呢還是責怪人？但最終，他不過是道出了一個簡單的事實，卻又令人震驚和惶恐。

董仲舒在西漢帝國某個著名的園子裡，像個鄉間媒婆，遵照前輩哲人的苦心教誨，終於把「天」和「人」撮合在一起。他從天空的維度，以「畢其功於一役」的做法，論證了人生天地間的奇特稟賦與價值：「人之為人本於天」[7]；世之大者，莫不「起於天至於人而畢」[8]。董仲舒的「天人本至論」竟然在倡導上天面前人人平等嗎？這種天真的發問，都是哪跟哪呀。即便事情真相出人意料地就是這樣，即便再加上亞里斯多德的絮叨和赫西俄德的警告，也無法阻止某些人欲將天空據為己有，只把地獄託付他人代為照看或免費送與他人享用的陰險企圖。但有眾多謀士和黑色幕僚在一旁助拳與吆喝，那些強人和成功主義的信徒，那些自詡為人中之龍的傢伙，總是善於跟上天攀親戚；他們當中極少數的幸運者，像中了「六合彩」一樣，居然把自己弄成了上天的「嫡出」子孫——像鍾鳴描述的那樣，他們依照太陽的容貌，畫出了自己的肖像，讓自己跟太陽組成了一個「同心圓」。只是我們這些毯不囉嗦之人沒有搞明白：上天究竟跟誰交配，才生出了這些人間罕見的怪物和雜種？他們從遙不可及的天空，掉到距離地面咫「尺」之遙的五「尺」小床時，到底是什麼力量托住了他們的褲管或臀部，才沒有被摔成肉醬或狗啃屎？每個人間的帝

6　鍾鳴：《塗鴉手記》，前揭，第11頁。
7　漢‧董仲舒：《春秋繁露‧為人者天》。
8　漢‧董仲舒：《春秋繁露‧天地陰陽》。

王，都自稱有個天上的父親；那麼多輩分不同的同姓帝王，還有那麼多不同姓氏、不同輩分的君主，怎麼可以歷時性地集體使用同一個父親呢？難道籠蓋四野的上天，在帝王們的心目中，真的喜歡隔著光陰樂此不疲地亂倫，不顧身體健康地大玩「多P」遊戲？或許，是我們多慮了——「天行健」嘛，有什麼好談論的呢。上天，也就是在我們頭頂無限高遠處無聲運行的「穹廬」，它籠蓋四野，肯定擁有花不完的精力和力氣，揮霍不盡的雅興和樂趣。褚少孫對此心知肚明，卻又明知故問：「夫布衣匹夫，安能無故而起王天下乎？其有天命然。」[9]——有褚某人的信誓「旦旦」和「淡淡」的幽默打底，我看，還是把這個高深莫測的問題，轉讓給「簡體字」、「橫排本」國學家吧，那些中國當代過於羸弱或意外虛胖的「中華『憨』精」，肯定會弄出一些生拉活扯、五花八門的答案，免費供我們噴飯。

　　儘管「位置」（topos）首先是個空間概念，但又不僅僅是個純粹的空間概念——這中間的貓膩、名堂、寓意和節外生枝的東西，多了去了。對此，陳嘉映有過很到位的申說：「位置不同於牛頓空間，主要在於位置具有內秉性質：一個位置是適合於一個特定的存在物的……王位有王位的特點，相位有相位的特點，君位在上，臣位在下……在中國思想傳統中，位置具有內秉性質的觀念主要用來考慮人間社會……天在上位，地在下位。地界的事物出生、生長、朽壞、死亡、變動不居，而在高位的事物是穩定的、永恆的。」[10]誠如嘉映先生的精彩議論，在中國人的

9　《史記·三代世表》褚少孫補。
10　陳嘉映：《哲學·科學·常識》，東方出版社，2007年，第70-71頁。

潛意識中，在整個地球表面，或許只有帝王寶座，才勉強算得上天空的對稱物、天空的地面實體。它的尊貴程度，已經到了必須動用龍的第三個兒子——「鴟吻」——來做裝飾的地步；因此，凡有志於帝王寶座的人，那些自以為大有力量的超常個體或人中之「龍」，必須想方設法壟斷天空，獨佔亞里斯多德所謂的「最高處」，並且，絕對禁止對著天空撒尿。當然啦，他也不可能尿到天上去，「頂多三尺高而已」，恰如我川北老家幽默的農民針對村子裡某些自大狂所說的那樣。但赫西俄德擔心的，恐怕還不是這種令人會心一笑的喜劇場面吧？而壟斷天空最簡便易行的方式和方法，就是獨佔上天為親爹，卻又不必擔心給自己的人間親爸戴綠帽。即使戴綠帽，也是從天上「獲」取和「竊」取的傳世勳章，其價值，遠遠超過和氏璧或傳國玉璽——大而化之地說，傳國玉璽云云，最多只能被看作綠帽子的對稱物或裝飾品。誰讓它們被派定的人間身位，僅僅是帝王寶座的一個符號呢。

　　讓我們這些正宗凡人倍感疑惑的是：成功主義者、傑出之士、力量超群的碩大個體，為什麼不直接呼天為「爺爺」？那不是顯得對天更加崇奉和膜拜嗎？精於「算計」的列位強人「計算」得非常精準：叫「爺爺」損失很大，因為叫「爺爺」顯然隔了一層，沒有叫「爹」直截了當。何況從爺爺到孫子，還需要上天的精液——可以稱之為「天精」——勞神費心地長途跋涉。這又是何苦呢？何況「天精」哪有這等耐心？呼天為「爺爺」，乃是低級「牲人」的專有事務和法定禮儀；謝天謝地，那也勉強算得上我們在心理主義角度上的奢侈品。如你所知，天下所

有的「牲人」都得喊皇帝為「君父」，並且，只有通過上天之「子」，才能將我們這些上天之「孫」在人間的委屈上達天聽——但每個「君父」肯定會私下扣留我們讓他轉達的某些消息，以便找到我們不孝敬、不忠於他老人家的證據，然後修理我們、鞭撻我們、懲治我們，直到消滅我們——這樣的舉動，又豈是邁克爾・哈特（Michael Hardt）等人所謂的「帝國腐敗」可以相比擬。而除了天空之外次一等高的「位置」，則要讓渡給古往今來的高級「牲人」（比如宰相或列位封疆大吏）；最低的「位置」——「深淵」的另一個極點——必須要讓純粹的「牲人」、最低等的「牲人」去接管和認領，還迫使他們在象徵主義的維度上，匍匐、爬行在地面，以便於被蓄養、被放牧和被糊弄。明人陳士元，中國占夢理論歷史上劃時代的大師，僅憑肉眼觀察就一口斷定：「日月，極貴之征也」[11]。其實，那僅僅因為太陽是天空最輝煌的代表，月亮是天空第二個最傑出的後代，兩兄妹聯起手來，在中國人的潛意識深處，剛好表徵著宇宙萬物的陰陽兩極。所以，太陽、月亮和天空，必須首先被有志於帝王寶座的人獨佔和壟斷。這條強硬的定理，即便在製造夢境的過程中，也絕對不應該，當然，更不可能得到冒犯。臺灣歷史學家柏楊道出了一個真理：每個中國男人都有皇帝夢。事實上，中國羸弱的雄性中碰巧成為帝王之人的優質夢境——尤其是他們主動講述出來的夢象——才是組建「天空－太陽－月亮托拉斯」（Sky-Sun-Moon Trust）最方便、最快速的方式。這情形，宛若人類學家桑

---

[11]　明・陳士元：《夢占逸旨・日月篇》。

迪（P. R. Sanday）所說：「通過那些以夢的語言表達出來的意願做出回應而採取的客觀行動，內部－外部的對應關係得以建立起來。」[12]想想看，這該是多麼牛逼的事情……

在此，我必須麻起膽子，也要懇請「有關部門」批准我微不足道的小想法和小念頭：中國歷史上最傑出的做夢者和占夢者，當數大混球洪秀全。此人未經任何組織授權——他壓根兒不需要任何組織或部門授權——就擅自任命他本人身兼兩職：既當做夢人，又當占夢師，既當運動員，又當裁判，還決不允許別人插嘴，壟斷了夢境之全部「所指」的控股權。真對仗呀：「大」混球自稱在「大」病而不是在「大」便中，一不留神，就像傳說中的哪吒那樣，駕著夢中祥雲，踩著風火輪，謝絕同看守大門的天使打招呼，竟然從正門大搖大擺溜進了天堂——「深淵」最朝上的極點。他拜謁了上帝，得到了耶和華的親切接見、耶穌基督的耳提面命。對此，我們只能以無限羨慕的口吻說：洪某人確實比西奈山（Har Sinai）上只被上帝單獨召見的摩西更為幸運——但那僅僅是因為耶穌基督還來不及被聖處女瑪利亞給生下來，僅僅是因為上帝的神聖精液（另一種「天精」？），還來不及注入聖母體內，才讓他白揀了一個落地桃子。大「病」而不是吃了大「餅」生還後，洪秀全急急忙忙給出了占夢詞：「朕奉上帝聖旨、天兄耶穌聖旨下凡，作天下萬國獨一真王！」[13]為此，他還專門賦歪詩一闋，用以顯擺。其中的一聯，很有點「打油體」的詼諧效果，跟他的混球身分恰相對仗：「璽劍光榮承

---

[12] 桑迪：《神聖的飢餓》，鄭元者譯，中央編譯出版社，2004年，第203頁。
[13] 揚州師範學院中文系編：《洪秀全選集》，中華書局，1976年，第76頁。

帝賜，詩章憑據誦爺前！」[14]看起來，洪秀全確實親自被上帝和他的「天兄」感動了一回。上帝不是天空、太陽和月亮，也不是它們的替身或翻版，而是它們的創制者，勞倫斯（David Herbert lawrence）對此有過真心的稱頌：「上帝比太陽和月亮還老／眼睛不能注視他／沒有聲音可以描述他。」[15]因此，上帝擁有對它們的全部所有權、控股權，以及一切可以想見的其他「權」──比如懲罰權、表揚權和賞賜權。作為「敵基督症」的輕度患者，謝閣蘭早就揶揄過：「可敬的上帝難道不是三位一體、無源之主、真正的神？他把世界各地劃分成十字，他分解了元氣，開闢了天地，推出了日月，創造了完美和諧的第一個人。」[16]因此，單單從邏輯層面看，洪秀全的尊貴地位，超過了歷代所有的中國帝王：他不僅壟斷了天空，還一不做、二不休，開門見山地壟斷了造物主。這哪里是對著太陽小便的問題，簡直是幫助上帝撒尿，甚至親自代替造物主放水，大大超過了赫西俄德的想像，註定會嚇壞屍骨無存的希臘詩人──假如他有能力從地下某個角落爬起來的話。按照洪秀全的夢境，他就是造物主直接日弄出來的超級怪物，一個人面神身的雜種；附帶著，還認領了一位名震寰宇的兄長，為他「萬國獨一真王」的身分畫押、作保。他是「三光日、月、星」同父異母的兄弟；他自稱「天王」，不是更次一等級的「皇帝」，根本沒啥問題；他建造的「太平天國」呢，沒說的，剛好要遠遠大於「天空－太陽－月亮托拉斯」任何形式的

---

[14] 揚州師範學院中文系編：《洪秀全選集》，前揭，第4頁。
[15] 米沃什（Czesiaw Miiosz）：《反對不能理解的詩歌》，肖學周譯，未刊稿。
[16] 謝閣蘭：《碑》，車槿山等譯，前揭，第32頁。

塵世版本，比如滿朝文武橫行和宦官專權的大秦帝國。

　　對於人間所有的「準」帝王或「待」帝王（即「準備」或「等待」成為帝王）來說，代替或幫助造物主撒尿、放水，只是一種過於極端的行為、過於尊貴的待遇，是十分鮮見和駭人聽聞的事情，但親自對著天空撒尿、甚至代替次一等級的太陽或月亮放水，倒是比較常見的舉動。按照舍斯托夫的觀點，「萬能不應有什麼形象和類似物，它只不過是人的形象和類似物而已。」[17]所以，人撒尿，就是「萬能」在放水；「萬能」放水，就是人在撒尿，又何況僅僅是受造於「萬能」的天空、太陽和月亮？對著它們放水或代替、幫助它們撒尿，對於某些人僅僅小菜一碟。而且，這夥人在夢中呼天為「爹」的方式，實在多到了匪夷所思、不勝枚舉的地步，既不一定非得發出聲音，也不一定必須動用嘴巴──那個十分擅長自我否定的夥計，張開、合上、攪拌，永遠是它最基本的性徵。面對上天和它的三個傑出代表，雖然在夢中弄出聲響、開口喊「爹」或許要直接一些，也更親切一點，還可能更加「靠譜」和「著調」，但帝王既為帝王，只要「革命事業」真的需要，他們身上的器官，哪一個又不可以是能夠隨意張合、開閉和收放自如的嘴巴呢。被「準」帝王或「待」帝王們管轄的所有身體零部件，都願意聽從調遣、各安其位，都能做到一切行動聽指揮，都會找準自己的「位置」（topos）。它們肯定適應於、聽命於帝王們所有偉大的小心思和小伎倆。唯一關鍵的動作要領僅僅是：只要在夢中跟上天有染，跟上天發生了瓜葛、

---

[17]　舍斯托夫：《在約伯的天平上》，董友等譯，三聯書店，1989年，第14頁。

整出了緣分、弄出了雜七雜八卻又直截了當的關係，認爹儀式就算完成，也肯定會應時生效，直至按時（正確的時間）、按質（十分莊嚴的）、按量（比如傳位於萬世）地登上帝王寶座，並由蛟龍的第三個兒子負責修飾和看顧——跟洪秀全相比，這種行為僅僅相當於希臘男人對著太陽小便，雖說褻瀆了神靈，但實在太稀鬆、太平常。

我們的堯帝，靠的就是長滿肌肉和汗毛的雙腿。他在夢中騰空而起、「攀天而上」，轉眼間，就把上天給辦了；偉大的商湯，雖然碰巧啟用了嘴巴，但也僅僅是半開老嘴，「夢及天而舐之」。雖說擺平了上天和它的三個傑出代表，卻並沒有弄出多少聲響——他在「舐舐」天空時，是否發出過男女接吻一樣的「啵啵」聲，因為史料匱乏，已經很難稽考，我們也就知趣地不準備繼續瞎猜和亂「考」。但結果是天定的：這些讓人驚異、驚詫的認爹方式，這些勇敢、豪放的撒尿行為，不會妨礙他們命中註定成為帝王、統領大地和領袖群倫，就像別有用心的撰史者早就申說過的，作為對著太陽就地小便的絕對等價物，用腿「攀天」、用嘴「及天而舐」，「斯皆聖王之前占也」[18]，有什麼好談論的呢？但無論如何，「天空－太陽－月亮托拉斯」就這樣被建立起來了。唐人楊炎之所以只能當個位極人臣的宰相，是因為他雖然也夢見了太陽，但在「仰而視之」時，卻情急之中，居然忘記了放水、撒尿，只「見瑞日（尚）在咫尺」之遙[19]——他差了一點點，就像堯帝那樣，也把上天給辦了。看起來，弱者對天小便會

---

[18] 南朝宋・範曄：《後漢書・活熹鄧皇后紀》。
[19] 參閱《太平廣記》卷二七八。

受懲罰，強者朝天撒尿卻只會得到賞賜。但判斷強者、弱者的標準又是什麼？很簡單，我們的占夢理論會歪著頭、斜著眼，滿臉橫肉卻又滿不在乎地告訴你：順利當上宰相的，就是強者，不會受到懲罰；順利當上皇帝的，就是最強者，更不會受到懲處——這就是暗藏於占夢理論內部的闡釋學循環，一種妄圖自圓其說，卻註定會露出狐狸尾巴的小花招。

因為喜歡打抱不平的文化俠客和思想偵探，古往今來，總是密佈於我們祖國的每一個角落，暗藏於許多至今還不大為人所知的幽暗旮旯，我們已經有不少隱蔽、幽微，但頗具說服力的證據能夠證明：被人稱頌的大聖人——周文王與周公旦——極有可能是一對小人父子[20]。「文王在上，於昭於天。周雖舊邦，其命維新。」[21]但真實情況很可能不是這樣的；依照文化俠客和思想偵探貢獻的證據，「於昭於天」云云，大有作偽、造假之嫌——畢竟製造假冒偽劣產品的熱情和癖好，並不是當下中國才有的新發明和新熱情。數千年前，「疑似」小人周文王，就曾在遠離文化發達的中原地區的某個小山包上的某座山寨版的小王宮裡，自稱夢見「日月著其身」[22]——姬某人不管三七二十一，在不由分說間，就快速壟斷、獨佔了神靈才能居有的「最高處」。和僅僅對著天空撒尿的堯帝、商湯比起來，周文王很可能更陰險、更狡詐：他不是有勞自己的大腿或嘴巴親自上天尋爹，而是天上的「父」在他的春秋大夢中，居然不辭勞苦，主動下落凡間，死皮

---

[20] 對這個有趣的問題，請參閱吳鋼：《〈易經〉釋夢》，上海三聯書店，2005年。
[21] 《詩經·大雅·文王》。
[22] 唐·皇甫謐：《帝王世紀第五》。

賴臉要認他為「子」，附帶著，還像洪秀全那樣親自感動了一回。同較為含蓄謙遜的堯帝、商湯相比，周文王更加幸運，因為太陽、月亮兄妹兩居然跑上門來，求他代替自己放水，顯然比對著它們掃射要牛逼得多。瞧瞧，高邁的天空和「三光」，都是些可以被隨意貶低和脅持的主；在巨人們的欲望前，天空和「三光」的尊貴，僅僅出於它們被認為有能力為巨人增添光環、提供優質兆頭，能給某些巨人的欲望，提供美侖美奂的裝飾品──這是一種更高級的、更不可思議的腐敗。

如今，已有太多的證據可以表明：帝王的每一個家族成員，都有能力和機會施展夢中外交手段，同上天發生某種奇妙的關係，用以收穫品相光鮮的好兆頭。男人能夢、能搞，女人好像也能夢、也能搞，很可能還更加能搞──夫唱婦隨、乾為坤綱嘛，有什麼道理好講。鑒於生理構造上的巨大區別，女人跟上天發生關係的方式，不是對著天空、太陽或月亮放水，因為她們的「水」無法像男人的「水」那樣朝上射擊；她們製造的液體，更傾向於接近大地。她們另有「通」途，但跟男人們直接撒尿一樣管用。比如，黃帝的母親「見大電光繞北斗權星，照郊野，感而孕，二十五月而生黃帝軒轅於壽丘」[23]。必須承認：雖然都是做夢，但還是得雌雄有別。這一點，跟男女撒尿時使用不同的姿勢十分類似：男人可以隨心所欲地敞開褲管、直截了當地在夢中親自上天找爹，自己為自己舉行認爹儀式，給地上的親爸著綠冠；女人卻只能繁文縟節、文牘主義似地，在夢中寬衣解帶，和上天

---

[23] 宋·孫谷編：《河圖稽命徵》。

通姦——且只能通姦——為自己的兒子找爹爹，給地上的親夫戴綠帽。女人不僅不能對著天空、太陽或月亮放水，還必須仰面朝天，接受上天和「三光」的雷霆雨露；她們不僅在夢中與上天相通，還以為她們的敵人也在夢中被人強暴——這就是「『立』尿動物」和「『蹲』尿動物」和上天發生關係時的經典區別，呼應了生理構造上的相異性，還額外聲援了偉大的「陰陽對舉」觀念：陰和陽確實在矛盾中相互交融。周武王和周公旦的親媽，周文王的大老婆，也就是被認為母儀天下的太姒——據文化俠客和思想偵探揭發，《易經》很隱晦、很巧妙地指控她極為陰險，攻擊她相貌不佳，幾乎等同於醜八怪[24]——在殷、周鼎革的前夜，以迅雷不及掩耳之勢，不費吹灰之力，就做了一個五星級別的好夢：醜貨太姒「夢見商之庭產棘，小子發（即武王）取周庭之梓，樹於闕間，梓化為松、柏、棫、柞。寤驚，以告文王，文王乃召太子發占之於明堂，王及太子發並拜吉夢，受商之大命於皇天上帝」[25]。沒說的，有太姒刨弄的甲等甲級好夢，殷人粗鄙的「棘」，在不久的將來，勢必慘敗於周人高貴的「梓」。因為在太姒的夢中，在確保「相互摧毀能力」（mutually assured destruction）那方面，周人已經更盛一籌——平衡被輕而易舉到來的「吉兆」打破了；勝負的天平在醜貨兼陰險之人的春秋大夢中，迅速倒向了文化極為落後的姬姓部族——一個即將改變中國文化與歷史的野蠻民族。盜用「力比多」論者佛洛德的理論，蓬鬆而形如敗草的「棘」，剛好是亂糟糟的、首如飛蓬一般的陰

---

[24]　參閱《易·歸妹》；參閱吳鋼：《〈易經〉釋夢》，前揭，第35-37頁。
[25]　《逸周書·程寤解》。

戶；筆直、高大的「梓」呢，則必然是碩壯威風、龍飛九五、逢佛殺佛、遇祖滅祖的陽物。瞧瞧「棘」那種灰頭土腦、毛茸茸的灌木長相就知道，它被侮辱、被一針見血和一箭洞穿，當在情理之中，也肯定指日可待，何況還有作為喬木的「梓」派生的幾個壯小夥（即松、柏、椐、柞），正挺直腰桿、虎視眈眈守在一旁，準備伺機而上呢──「梓」預先給自己準備幫手，是怕自己的雄性能力不足還是怎的？但讓「蓬鬆」的更加「蓬鬆」，讓「『敗』草」收穫更「敗」的局面，確實是作為嘉木的「梓」的題中應有之義──在太姒充滿發情意味的春秋大夢中，筆挺的嘉木（「梓」）只可能是天空的反光，是「天空－太陽－月亮托拉斯」態度堅決的地面造型，何況它在某些時刻，還是做夢女人和上天相「通」的梯子或腳手架哩。

在此，必須感謝漢高祖兼老流氓劉邦的娘親劉太婆。因為這個出身低賤、擁有傳奇交配經歷的老女人，有能力讓我免於「盜用」佛洛德理論的指控。這個原本稀鬆平常、平淡無奇的鄉下婦女，在秦朝末年，居然靈感突發，不睡在自家床上陪老公，不把玩老公的禿頭機關槍取樂，反而蓄意偷漢。據大漢史官司馬遷揭發──更有可能是頌揚──此人「嘗息大澤之陂，夢與神遇。是時雷電晦冥，太公往視，則見蛟龍於其上。已而有身，遂產高祖」[26]。看起來，歷史的真相只能是：是劉老太婆不守婦道，而不是其他任何東西，成就了劉氏家族。假如她像張魯之女被蛟龍糟蹋，已有身孕卻「恥之自裁」[27]，世上將不會有大漢帝國，中

---

[26]　《史記‧高祖本紀》。
[27]　參閱《太平廣記》卷四一八。

國歷史就會改寫——在此,「歷史必然性」遭到了嘲諷,露出了它的搖籃曲特性。而劉邦以如此離奇的方式「被」生出來,借用謝閣蘭的話說:「這是可信的。」下完結論後,謝閣蘭還引用哲人之言,以起到為自己找幫手和打手的目的:「哲人說:凡是奇特的生命都以奇怪的方式出生:麒麟不同於狗羊,蛟龍不同於蜥蜴。奇人出生不同於常人,我們難道會對此感到驚異嗎」[28]?謝閣蘭不必擔心,因為我們對此不會感到任何驚異,因為在咱們中國,蛟龍向來是上天的地面象徵物、買辦和天意的代理商。劉邦的地上親爸(即「太公」)沒有狗膽對著太陽和天空撒尿,但有機會親眼目睹自己的老婆和蛟龍偷歡啊——這肯定是件令人羨慕的事情。天上悶雷陣陣,既像放鞭炮一樣,給正在快活、放縱的蛟龍奏樂打氣,鼓勵它在最正確的地點,放出最正確的一炮,因為天時、地利、人和互相聲援的機會之到來,實在太難得,又像在高聲嘲笑綠帽子的「現在進行時態」的獲得者。太公呢,根本沒有做出一個正常男人本該做出的正常反應——這到底是怎回事?流覽《史記》到這個地方,所有的中國「明白」人都該「明白」:劉太公是想蜿蜒曲折地借用「天精」讓老婆受孕,以便生個龍子,提高他的人間地位——這是一種既典型又卑鄙的「曲線救國」行為,類似於為了自己得到提升,把老婆送與上司享用,一點都不用奇怪。因為太公相信自己鬆鬆垮垮的武器,不足以一炮轟出一個帝王;他清湯寡水的幾毫升,不足以喚醒、啟動正沉睡在莫須有處的君主。所以,他樂得默許老婆

---

[28] 謝閣蘭:《碑》,車槿山等譯,前揭,第30頁。

被神龍享用，自己在一旁看熱鬧，像個標準的窺淫癖，卻又在偷偷摸摸地自己向自己道喜──以左手親切擁抱右手為方式。老流氓劉邦按時、按質當上皇帝後，每次朝見他地上的親爸，都會看到讓他驚奇的一幕：「太公擁篲，迎門卻行」──綠帽子光榮稱號的獲得者，像個如假包換的臣下，在向自己的皇帝兒子施禮致敬。看來，漢高祖知道他的身世，知道自己來自「天精」而不是「人精」。對此，父子兩心照不宣；而那個夢中通姦、偷歡的婆娘，看到昔日不道德的行為終於結出了碩果，免不了要在一旁暗自偷笑。

　　如果把中國女人與上天相「通」的好夢連綴在一起，必將是長長的一大串，類似於陷人於絕境的陰謀長蛇陣──因為每個帝王、皇后或嬪妃的背後，都肯定站著一位母親；而中國帝王的人頭數，又毫無疑問地排在全地球第一位，至於那些皇后啊、妃嬪啊、答應啊、常在啊，她們的數量，更是第一中的第一，多了去了。而所謂「第一」，就是冠軍、頂部、巔峰和龜頭的意思，何況如此這般的女人與上天的關係，唯有通姦這一個咽喉要道──但這是不是美人計的變種或亞種？不需我們勞神費心，占夢理論大師陳士元早就替我們完成了這項特別艱難，卻又非常有趣的工作。他對著黑暗的歷史指指點點，終於有了專屬於中國女人的袖珍「夢譜」，有了專屬於她們的「內史」，不像赫西俄德對待他的希臘雌性同胞那般態度吝嗇：「昔漢武帝之母，有神女授日之夢；而宋之太宗、真宗、仁宗、甯宗，其母之娠而育也，莫不夢日……月為眾陰之長，亦上天之使也……漢元后之生，與夫齊婁後之生女也，皆有懷月之夢，果應後妃之

尊。」[29]真有意思，真好玩啊，與上天的陽性代表偷歡，則生皇帝；與它的陰性代表交配，則生後妃——那麼，我們的平民女性因為缺少銀子購買胭脂，素面朝天地夢日、夢月，沐浴在「天精」的腥味當中，又該生出哪種型號的肉身凡胎？好笑的是，占夢理論依靠闡釋學循環，面對這等疑問，有點含糊其辭，有點口氣霸道，有點勢利，有點絮叨，還有點……該怎麼說好呢？還有點不要臉吧。因為它始終在倡導夢境等級制度，既強調雌性夢者的等級身位元和高低貴賤，從一開始，就將平民女子夢日、夢月和享用「天精」的權力剝奪殆盡，又自相矛盾、自打耳光一般，給了劉老太婆這種出身低微的女人遭遇姦汙的好機會。看起來，即使在遭受強暴這方面，中國的占夢理論也傾向於機會決不均等，不打算讓我們的姊妹、妻妾利益均沾。就像某些男人有志於獨佔上天為爹，某些超級女人更願意壟斷上天那幾滴黏稠的液體，獨佔上天那幾次顫慄和哆嗦，以便在顫慄和哆嗦的修辭能力保護下，一舉生出一個胖嘟嘟的龍子——比之於男人直截了當摔了一個狗啃屎，女人總是具有不可讓渡的間接性。或者，中國占夢術之所以同意或默認劉老太婆遭強姦，是因為「成王敗寇」的觀念在起作用？到底是不是這樣呢？作為一個至關重要的概念，寄存於占夢理論內部的闡釋學循環，有沒有能力解釋這等奇怪的現象？我看，還是把這個無法解釋的阿基米德點，轉讓給「簡體字」、「橫排本」國學家吧。有儒門獨家發明的「柔術體操」從旁壓陣，他們肯定能給出令人滿意的答案。希望能再次供我們噴

---

[29] 明・陳士元：《夢占逸旨・日月篇》。

飯吧。

　　令占夢理論難堪的是：從古及今，年齡無分老幼，身材無分高矮，腰身無分粗細，膚色無分黑白，性別無分男女或雌雄，在夢中「作奸犯科」、破壞夢境等級制度的胡亂瞎夢者，多到了恒河沙數的地步——夢境的非理性或非理性的夢境，不會給自稱理性的占夢術和夢境等級制度以任何像樣的面子。連我這樣一個本質上的毬不囉嗦之人，就不止一次在夢中會見過太陽、月亮、眾多叫不出名字的大小星辰，還有幸夢到過秦皇漢武、唐宗宋祖以及革命領袖和導師毛澤東，外加我的四川鄉賢，也就是身材較為矮小卻無比偉大的鄧小平同志。他們都曾在霧氣重重的夢境中，拍著我的肩膀和胸膛說：小夥子，好好幹——醒來後，百思不得其解。但一想到堯帝、商湯、劉老太婆的榜樣作用和模範帶頭作用，又不免欣喜若狂，以為自己對著天空撒了一把、尿了一回，好運終於來到，「牲人」的身分可以立即拋入東海，去餵鱉、龜和各種蝦蟹。於是，一反善於睡懶覺的壞習慣，路燈還沒熄滅呢，就爬了起來，忙不迭地沐浴、熏香，坐等好運前來敲門——它最好死皮賴臉地破門而入，好讓我享受享受周文王享受過的待遇：幫助或代替太陽放水。那時，我年輕、貧窮，滿肚子都是往上爬的小念頭，時時嚮往著三妻四妾甚或三宮六院。那些五彩繽紛、色彩斑斕的念頭，弄得我常常夜不能寐，只得披衣而起，像個自以為暫時處於困難境地的偉人，就著漏風漏雨的破窗戶，眯起眼睛尋找北斗星。能在夢中巧遇這等光鮮的人物，還額外受到日月星辰的接見和照耀，滿心的歡喜，自然可想而知。「吊詭」的是，如今，我已人到中年，在一寸寸加速老去，卻依舊是個絕

對主義定義下的窮光蛋；幾年前，我東拼西湊，好不容易才討到一房福晉——側福晉此生就別癡心妄想了——而經由我們親密合作炮製出來的女兒，正在上小學一年級。為了她有機會讀書，我砸鍋賣鐵，不惜「重金」（言重了，言重了），腆著臉、陪著笑，賄賂過我們偉大祖國「有關部門」的有關人士。現在，我人生無望，只得自動斷了上天尋爹、「舔舐」天庭的臆想，就像晚年的孔夫子，再也沒有夢見周公的好運氣。這種讓人氣憤的境況，到底是怎回事嘛？該夢見的，我都夢見了呀，甚至比堯帝和商湯夢見的還要多、還要光鮮，卻連個「副」科長的前程都沒弄到，讓我痛失魚肉鄉民的好機會，辜負了那麼多好夢對我的殷切期盼——你說，我他媽的是不是也太「負」牛逼了一點吧！看來，雖然大夥伙都是「『立』尿動物」，但必須承認，不同的人撒出的尿水，質量和功能終歸是不一樣的，這顯然跟「放水」的姿勢無關；而列維－斯特勞斯的話，能不能安慰我那顆破碎的小心靈呢？他說：那些極度光鮮、處女饅頭一樣水靈靈的夢境，「並不是作為實際行為的記憶，而是對於擾亂秩序、反秩序的嚮往。」[30] 人到中年，我願意自暴自棄地認為：斯特勞斯已經給了我撫慰，抵消了好夢對我「吊詭」人生的戲弄和調笑——雖然這很可能不是事情的真相。

這等悲慘、難堪的境況，也許當真來源於占夢理論在不斷詛咒我這個「夢奸犯」——一種極具中國特色的「法老的詛咒」，一種無論怎麼努力，也無法避開的「讖」。它高聳入雲，像堅固

---

[30] 轉引自趙毅衡：《言不盡意》，南京大學出版社，2009年，第124頁。

的三峽大壩，攔截了日月星辰對我的眷顧和拋出的媚眼；它扼殺了我的好運，讓「好運」無法如期光臨。明人陳士元、何棟如早在幾百年前，就輕描淡寫地唾棄過我等身分卑微卻渴望吃到「天鵝肉」的「癩蛤蟆」：「帝王有帝王之夢，臣宰有臣宰之夢，聖賢有聖賢之夢，常人有常人之夢，以至工賈商農、輿台廝仆，則有工賈商農、輿台廝仆之夢。窮通榮辱，成敗虧盈，各緣其人而為推測。不得以至卑至賤者，乃妄以尊貴之象加之爾。」[31]他奶奶的，不但平民女子喪失了享受上天——尤其是它的三個傑出代表——肆意強暴的機會，我等四肢齊全，自信武器擦拭擦拭後風格還比較過硬，且「特別能吃苦、特別能戰鬥、特別能奉獻」的大男人，也被剝奪了在夢中觀見皇帝、朝拜「三光」的訴求。作為「陰溝新聞」（gutter journalism）最著名的品牌之一，中國的占夢理論總是不失時機地訓斥我等運氣不佳，卻膽敢胡亂瞎夢的小人物：「夢身為隸卒，小人吉，君子凶；男子吉，婦女凶。」[32]看吧，作為澈底的「牲人」和「至卑至賤者」，我們只有知趣地夢見自己繼續充任奴隸或列兵，才算得上「吉兆」；我們這些夜間地球上的人即使炮製夢境，也必須對稱於我們在白天地球上被派定、被給予、被分配和被定義過的身分，才能收穫吉祥。夢中胡亂「放水」即為犯罪，夢中越位即為名符其實的夢奸犯，要遭到占夢理論痛斥與詛咒，就像虔誠的基督徒保羅‧克洛岱爾（Paul Claudel）必然會痛斥他的好朋友——「敵基督」者安德列‧紀德（Andre Gide）。保羅‧克洛岱爾鄙夷地說，僅僅

---

[31]　明‧陳士元撰、明‧何棟如補輯：《夢林玄解‧卷首》。
[32]　明‧陳士元撰、明‧何棟如補輯：《夢林玄解‧人物部‧奴隸》。

是那個傢伙的名字，「就意味著雞奸和反天主教。」[33]

指控罪犯，是為了打擊罪犯，是為了給陽的世界或小人社會「健康」的環境。必須承認：如果人人都懷揣一份帝王夢，人人都是我這種想當元帥的好士兵，人人都敢對著天空或太陽胡亂撒尿、瞎雞巴掃射，天下早就分崩離析，地球距離毀滅也就不遠了，而我等失敗主義者呢，連獲取失敗的機會都沒有。非常幸運，占夢理論總是有足夠的能力，從源頭上，消滅這種令人不安和恐慌的可能性。占夢理論邏輯周密、量刑適中，積極倡導和推行夢境等級制度，邁動的，卻永遠是中庸主義規定好的優雅步子。它懲罰胡亂瞎尿和瞎掃射之人的方式非常簡單和耿直，也極為坦誠和公道，既沒有絲毫客氣，也不存在迂回和婉轉：贈送夢奸犯一個躲在白天的某個角落裡的某個報應，就算成功，就算完成了任務，或許，這就是「兆頭」一詞的全部口吻、語義和精髓。而那個被派定的報應、被占夢理論認可的懲治，一句話，被占夢理論依據夢境等級制度在夢境中敲詐出來的「兆頭」，肯定會在意想不到的某個地方、意想不到的某個時辰，以某種匪夷所思的方式，突然跳將出來，緊緊揪住亂尿、瞎射之人的領口，逼迫他為不該他接管的夢境買單、付賬。當此之際，所謂報應，就是集法官和獄卒於一體的怪物；所謂占夢理論，就是約翰·哈特利（John Hartley）明言過的統攝夢境的「制度性機器」（institutional apparatus），就是蜜雪兒·福柯指控過的「全景敞開式監獄」。它的口號是：絕不冤枉一個沒有破壞夢境等級制

---

[33] 參閱蜜雪兒·維諾克（Michel Winock）：《法國知識份子的世紀·紀德時代》，孫桂榮等譯，江蘇教育出版社，2006年，第5頁。

度的人，但也絕對不會放過任何一個破壞夢境等級制度的人。本
人就是美夢的受害者和犧牲品。我之所以人到中年，依然是絕對
主義角度上的窮光蛋，送女兒上學還須行賄，就是因為做了不該
做的夢，無意間，冒犯了皺著眉頭的夢境等級制度；就是因為在
「內視」中，看見了原本沒資格看見的東西、窺見了與自己身分
不合的精彩景觀。在此，我必須主動認同──其實早已認同──
佛吉尼亞・伍爾夫（Virginia Woolf）的自暴自棄或自我解嘲：
「身分卑微是能夠期待的最好的東西！」[34]

　　讓低級「牲人」倍感疑惑的是，「準」帝王或「待」帝王
們對著太陽撒尿前，也不是每個人都身分高貴呀，為什麼他們能
免於起訴、免於報應、免於買單付賬，還被好運死皮賴臉、生拉
活扯地死死纏身，而我就活該遭懲處？這到底是怎回事？僅僅因
為尿水的質量與功能差別太大嗎？對此，我百思不得其解。但作
為一個成熟的失敗主義者，秉承我們大家族的傳統做法，我迅速
做出了決定：既然弄不清楚，就乾脆認命，索性算毬了。放眼歷
史，我的同類實在太多太多，以至於能讓我的內心稍感平衡。在
眾多的不幸者當中，五代時期一位名叫毛貞輔的資深縣令最有意
思，也最能安慰我內心的滄桑和奄奄一息的滄桑內心。毛縣令雖
然長得很突然，卻跟我年輕時一樣富有進取心──往上爬，直到
爬進上層建築和廣寒宮，才是我們共同的願望。此人在縣長位置
上幹得太久太久，自以為牧民有術、畜民有方，卻遲遲沒能得到
「有關部門」的提拔，很鬱悶，很不爽，很不甘心！有一天，好

---

[34] 參閱約翰・哈特利（John Hartley）：《文化研究簡史》，季廣茂譯，金城出版
社，2008年，第31頁。

運說來就來了：他夢見自己「吞日腹熱」，滿以為終於有機會向太陽惡狠狠地掃射了一把，於是喜滋滋地自稱「貴兆」，因為《周公解夢書》早就說過：「夢見服日月者，富貴、吉利」。跟我當年的想法十分相似：他以為當不了皇帝，起碼也能弄個高級「牲人」過過癮。但占夢者依據夢境等級制度，很不客氣地給他潑了一瓢涼水，斷定他最多只能出任比縣處級還要低半格的「烏場官」（即演兵場上的小嘍囉）──因為「此夢甚大」，他這種小人物當之不起[35]。很遺憾，像篤定要隔著時空效法我這個小人物一樣，他也在無意間，冒犯了夢境等級制度，不但沒有尿出好前程，反而褻瀆了天空和它的三個傑出代表，「烏場官」他不當，誰當？難道還能讓人家周文王或劉邦當嗎？

宛如英國經濟學家斯坦利‧傑文茲（Stanley Jevons）說「資本就是閒錢」，直不楞登的「屍臥」也不僅僅是免費的睡姿──儘管它首先是睡姿。「屍臥」不是省油的燈。它更像被「閒錢」定義過的「資本」：它是眾多睡姿中唯一的夜間武裝員警；它在勉強支持睡眠的同時，還心有「閒力」，像作為「閒錢」的「資本」，總是傾向於摩拳擦掌、躍躍欲試。但「屍臥」的武裝員警身分來源於自我提拔、自我任命，很有些當仁不讓、舍我其誰的帝王做法，像極了洪秀全和他自稱從天堂獲取的吉兆。在鼾聲密佈的夜間地球上，和其他相貌不雅、只顧享受的自私性睡姿相比，「屍臥」仰仗其「閒力」，在致力於「克己復禮」的宏偉事業，在嚴格控制和監視夢象：命令它們各安其位，敦促它們擁護

---

[35] 參閱《太平廣記》卷二七八。

「位置」一詞認領的原始語義，要求它們隨時準備到達各自應該到達之人的睡眠之中，決不允許發生任何錯亂。但「屍臥」，自動維護夜間地球穩定的尤物，會不會犯下文化批評家約翰‧卡里（John Carey）所謂「焦點喪失」（loss of focus）的低級錯誤呢？但它呀，總是自以為能讓夢境各得其所，因為它自信是個極為優秀的照相機，聚焦很準、很嚴格、很精確，沒有任何動態的夢象能逃過它的監控，也沒有任何一個夢象，能隨意進入不該進入的人的睡眠之中。當然，按其本義，「屍臥」確實應該是夜間地球上維持穩定局面的頭號功臣，是夢境等級制度的最佳守護者。但讓心有「閒力」的「屍臥」異常惱怒的是，睡眠，我們的睡眠，總是傾向於接管睡姿上的魏晉風度；魏晉風度呢，又總是樂呵呵地支持夢中無政府主義，蔑視夢境等級制度，倡導自己給自己三上「勸進表」、獨佔帝王寶座、壟斷「三光」，一句話，魏晉風度不僅生產了夢奸犯，還支持所有「牲人」都有成為夢奸犯的權利和機會，支持他們面向天空胡亂瞎尿，鼓勵他們對著太陽、月亮和星星瘋狂掃射──本人就被它支持過很多回，不止一次見到了偉大領袖毛主席。魏晉風度的口氣是：既然你們只配做凶夢，既然你們的白晝身分像毛貞輔縣長那樣，永遠不可能得到提拔和超度，那就乾脆在夢中把壞人的身分推進到底，權當心理治療，亦即列維－斯特勞斯說的對於「反秩序的嚮往」。這種故意拱入地獄──而不是飛升天空──的自暴自棄，註定要跟「屍臥」發生衝突。

　　就是在里爾克所謂最為「嚴重的時刻」，占夢理論旗幟鮮明地站在了「屍臥」一邊，成為「屍臥」最忠實的同盟軍。在武

裝員警完不成任務的當口，本著維護夢境等級制度的宏大宗旨，
占夢理論將從道義的角度聲援「屍臥」，詛咒列位夢奸犯和胡亂
瞎尿者，痛擊不經批准，就擅自與上天相「通」的雌性夢者。為
此，占夢理論很及時地聲稱：即使是同一個吉祥之夢，依照夢境
等級制度的規定，也會因夢者的身分差異，在「吉祥度」或「賞
賜度」上大打折扣——屬於低級「牲人」的，僅僅是個毬不囉嗦
的跳樓價，但又跟他們的白晝身分，吻合到天衣無縫的程度。同
樣是對著太陽和天空撒尿——不是代替造物主或「萬能」「放
水」——有的人當了帝王，有的人當了宰相，有的人卻只能充
當散騎常伺（比如後魏闓英）[36]，有的人即使狗運當頭當上了太
守，卻又不得好死（比如後漢張奐）[37]……好像是要提醒我們在
夜間地球上各安其位，占夢理論不失時機地給出了一個既皮笑肉
不笑，又極為性感和下身潮濕的例證：「夢置田地，大吉。貴人
夢此，祿位升高；市人夢此，家業中興。」[38]在素來以官本位為
立國傳統的華夏中國，在經典性的小人社會，當官、當大官、當
更大的官、當最大的官，才是最好的人生局面——「學而優則
仕」嗎。但那等好兆頭，僅僅屬於「貴人」，屬於現役當權者，
否則，又何來「升高」？「家業中興」也不錯啊，儘管相較於
「貴人」獲得的吉兆和賞賜，最多是個跳樓價，但對於身分卑微
的區區「市人」，這樣的結局，已經是大大的意外，是額外的優
待，是天上掉下來的林妹妹，可以摟抱摟抱，反正是免費，反正

---

[36] 參閱《太平廣記》卷二七七。
[37] 參閱《太平廣記》卷二七六。
[38] 明・陳士元撰、明・何棟如補輯：《夢林玄解・地理部・土地》。

是吉夢帶來的戰利品，不摟白不摟。「貴人」和「市人」之所以得到占夢理論的賞賜，是因為他們的尿姿和尿液合乎他們的白晝身分。占夢理論的思慮確實十分周密！在小人社會或陽的世界，依照它刨弄出來的夢境等級制度，即使是凶夢，其兇惡度，也跟夢者在白天地球上的身分相吻合；在占夢理論功能超強的「只眼」中，絕對不會違規、越位——凶兆度跟夢者身位的高低成正比：「夢郊外烽煙大起。帝王夢之，邊塞不寧；士庶夢之，家宅不寧；兵將夢之，防有猝然之寇。」[39]天下是皇帝的，皇帝是天下的，對待凶夢，他當然要擔負更大的責任——「更大的責任」本身，就是對其身分的正確回報、精準呼應；次一等級的讀書人和兵將呢，只需要認領輕度的報應、十分之一的凶兆和懲治。但這等好笑局面的出現，當真能補充卑微者在吉夢方面領取「跳樓價」之後的損失嗎？這是占夢理論貢獻出來的數學問題，很顯然，那是一個難以解答的哥德巴赫猜想……

對於維持夜間地球的穩定，占夢理論似乎比「屍臥」更有效，也似乎更能打擊夢境等級制度的破壞者和胡亂瞎尿者。畢竟「屍臥」還是「臥」姿的一個品類，總有昏聵、失察的時刻，總有沒吃安眠藥也能「臥」過頭的時候，占夢理論卻絕不可能犯下任何錯誤——把某些缺乏革命自覺性的夢象打入地獄（「深淵」無限朝下的一極），將另一些遵守革命紀律和維護黨章的夢象抬到天空（「深淵」無限朝上的一極），是中國占夢理論的基本任務。但最終，它跟我們等級森嚴的帝國制度和帝國倫理恰相匹

---

[39] 明・陳士元撰、明・何棟如補輯：《夢林玄解・地理部・橋路》。

配，還呼應了骨子裡就倡導等級制度的「天人本至論」——占夢理論與寄存於它自身的闡釋學循環、夢境等級制度一道，成為董仲舒和後起儒門子弟的忠實盟友。但對於我們，對於中國的占夢理論，從比喻的角度看，赫西俄德在女人小便問題上的有意疏忽、故意失察，反而是意味深長的：那些只有蹲著才能撒尿的女人的卑微「尿姿」，不入詩人的法眼，正好約等於我等夢奸犯的好夢不入占夢理論的法眼。相比較而言，赫西俄德很可能更加仁慈一些。至少，他沒有像中國的占夢理論那樣，明確表示要懲治夢奸犯、修理胡亂瞎尿者，還要免費贈送夢中越位者以不同級別的凶兆。赫西俄德只把內心深處的鄙夷，停留在不屑於談論女人的小便和天空、太陽的關係的層面，單單催促她們澆灌大地完畢，在每個月的第十二天「搭起織機，開始自己的工作」。赫西俄德僅僅希望他的希臘雌性同胞，通過勞動，把繁複的撒尿流程帶來的弊端給抵消掉——這不是懲罰，不是勞動改造，而是美德，不需要列奧・施特勞斯辨識出的「顯白」與「隱微」保駕護航，只因為古往今來，勞動才是更安全的事務、更完美的品德、更高尚的行為。

七、聖人之夢

　　笛卡爾（Rene Descartes）很富有幽默感，因為他真誠地相信：在靈魂與肉體間，有一個接觸點——它就匿藏於小小的松果腺（pineal body）。而松果腺，很可能就是普拉特（Mary Louise Pratt）所說的「靈魂殖民肉體」或「肉體殖民靈魂」的「接觸區」（contact zone），一個小小的、讓人很難察覺的切點。它是肉體和靈魂的交叉地帶，既是肉體設在靈魂、也是靈魂設在肉體的外交使館。兩個性質和功能相同的機構使出渾身解數，在彼此談判、博弈、爭吵，收集關於對方的情報，試圖征服和駕馭對方……除此之外，笛卡爾還自信滿滿地宣稱：如果從他杜撰和虛構的「第一原理」啟程開拔，滿可以推導出一整套完備的「先驗醫學」（Prior medical），一種得到過演繹法支撐和捧場的古怪醫學——演繹法是這種學問的棟梁、心腹大臣、謀士和中場發動機。所謂演繹法，地球人全知道，就是必須從「一」強行推出「一萬」的意思。它是邏輯學家族中的獨裁者，高高在上、自鳴得意，從未想到過寄存在不遠處的熱嘲冷諷。對此，精研西方現代思想史的美國佬羅蘭·斯特龍伯格（Roland N. Stromberg）有過不含笑意的揶揄：「很顯然，演繹法也會走火入魔。」[1]

---

[1] 羅蘭·斯特龍伯格：《西方現代思想史》，劉北成譯，中央編譯出版社，2005年，第51頁。

在某些情況極為特殊的時刻,「走火入魔」並不必然意味著壞事,反倒比自命的中正、大方,更能顯明和擺明某些事情的真相。笛卡爾從他的第一原則——「我思」(cogito)——出發,通過演繹,很快就證明:「完美」和「無限」僅僅屬於至善、至美、至真的上帝;「人這畜生」(That animal called man)跟這兩種東西不搭界。「松果腺假說」和「先驗醫學」從邏輯上,呼應和聲援了笛卡爾的結論:即使靈魂真的擁有「完美」和「無限」,也必須首先跟低俗的肉體發生關係;而一旦同腸腸肚肚、腳趾肛門有染,它也就不那麼「完美」和「無限」。聖奧古斯汀很極端、很自信地說過:「嬰兒的純潔不過是肢體的稚弱,而不是本心的無辜。」[2]孩子不是從天上下落凡間的生靈嗎?這到底是怎麼回事?笛卡爾有能力為奧古斯汀提供理論上的聲援:即使稚弱如嬰兒,也擁有一個連接靈魂和肉體的松果腺;嬰兒也認領了肉體和靈魂彼此殖民的「接觸區」與外交使館。而面對向上飄逸、升騰的靈魂,松果腺更願意認同晉人殷浩的觀點:「我與我周旋久,寧做我!」[3]

神學大師德爾圖良斷言過:「我肯定地說,除非是在考驗時期,沒有哪位信徒頭上戴過花環。」他的潛臺詞是:一出生就攜帶「原罪」的人,不配隆重地裝點自己,不該臭美,何況看似渺小的花環僅僅屬於上帝,最多屬於被上帝認可的純潔靈魂。作為基督徒想像中的目擊證人之一,往返於西奈山和埃及的摩西證實過:「第一個女人夏娃不是在額頭上戴花,而是更自然地把樹

---

[2]　奧古斯汀:《懺悔錄》,周士良譯,商務印書館,1963年,第10頁。
[3]　南朝·宋·劉義慶:《世說新語·品藻》。

葉繫在腰間。」[4]——那個充滿激情和祕密的地方，那道生命之
門，那個上帝製造的缺口，那個被松果腺直接管轄的小小區域，
似乎更值得保護，也更為重要，更為隱秘和關鍵。因此，看起來
微不足道的松果腺，恰如笛卡爾暗示的，很可能才是全部問題的命
脈之所在。我們早就被告知：在這種不顯山、不露水的腺體內部，
含有十分豐富的抗性腺激素和降血糖因數，它在我們還是「祖國
的小花朵」和「祖國的小蓓蕾」時，為保證我們健康成長，為了
讓我們能「時刻準備著為共產主義事業奮鬥終生」，竟然奇蹟般
地具有抑制性成熟、推遲生殖器官發育和阻礙性徵出現的功效；
松果腺一旦遭到破壞，潘朵拉的盒子就被打開了，我們這些失去
控制的小東西，靈魂將越來越少，生殖器官卻像「千里江陵一日
還」那般見風即長、迎風怒號，小小年紀，就會思春、發情和想入
非非，最終，破壞了更需要純潔靈魂進行支撐的革命事業，直到
把革命事業弄得千瘡百孔。事實上，基本能做到秉公執法——而
不是「釣魚執法」——的松果腺，在絕大數時刻，很有點尼采
的「超人」做法：它渴望「啟示錄式暴力」的支援和伴隨，讓
我們實現精神革新和脫胎換骨，敦促我們反對布洛赫（Herman
Broch）暗中信任的「絕對塵世」（the earthly absolute）。松果
腺傾向於推遲罪惡和欲望同我們相會的時間，強調肉體和靈魂之
間的平衡，支持兩個外交使館始終重合在一起，就像聖－瓊·佩
斯的輕言細語：「大地人間有個晝夜平分的時刻。」[5]

　　出人意料的是，笛卡爾天才般的想像力，很不幸地呼應了

[4]　德爾圖良：《護教篇》，前揭，第156頁、第162頁。
[5]　瓊－瓊·佩斯：《春分之歌》，《聖－瓊·佩斯詩選》，前揭，第137頁。

一個令人沮喪的事實：人類過於牛皮烘烘的驕傲心理，遭到過三次程度越來越嚴重的打擊，至到今天，還無法恢復元氣和自信。哥白尼宣佈地球不是宇宙的中心、達爾文宣佈人是由猴子進化而來的、佛洛德則宣佈人的一切行為，都由陰險低級的力比多所支配、管轄和統治，以至於動物行為學家德斯蒙德·莫里斯（Desmond Morris）乾脆把人稱作「裸猿」。千百年來貌似高高在上的人類，就這樣一步步，被降解為宇宙中一個偏僻微粒上跟其他陸生動物差不多的物種，並且，以大尺度的宇宙眼光來觀察，它們之間的差別，小到了可以忽略不計的境地。但哥白尼、達爾文和佛洛德，這幾個巨型「壞人」或匪徒，當真是些追求震顫和休克效果的反人類分子嗎？經由他們的努力，經由他們若許年來產生的輻射效應，「松果腺假說」可以被當作隱喻來看待：高蹈的靈魂不僅和卑俗的肉體相互殖民，還和更加具體、整天躲在陰暗角落裡的生殖器官緊密相連——夏娃給樹葉派定的身分和用途昭示了這一點，儘管她因此收穫了上帝的怒斥，還給她的子孫後代捎去了莫名其妙的災難；靈魂不僅可以傲氣十足地居於上位，還能將下三路征為宅屋。我們的靈魂在一步步向下、再向下，直到退居二線，直到從人間澈底蒸發——你又能在琳琅滿目、商品過剩的超級市場，在人心浮躁的交易所，在若隱若現、欲蓋彌彰的紅燈區，買到幾毫克向上飄逸的靈魂呢。這情形，宛若巴赫金的睿智之言：這是「真正意義上的從肉體上部移到下部。肉體翻了個兒，打了個側手翻」[6]。自哥白尼、達爾文和

6　巴赫金：《巴赫金全集》第六卷，李兆林等譯，河北教育出版社，1998年，第433頁。

佛洛德之後，我們不得不收拾起善於自我吹捧、熱衷於自我加冕的不良愛好，必須老老實實承認：跟爬行著和飛翔著的動物十分相似，低俗的夢、吃和交配，才是我們最基本、最重要的生理現象，擁有不容分說的統治性、致命性和緊迫性，像極了古典小說中的「說時遲、那時快」，而且，靈魂就寓於其中。它們交織、糾結、纏綿在一起，組成了一個異常穩固的、相互聲援的鐵三角——它的三個內角之和，按斯賓諾莎（Benedictus Spinoza）不無幽默的估計，正好一百八十度，約等於理性樂於支持的度數；並且，它一直都在不遺餘力和不要報酬地為人類提供服務，認領了不遜色於任何聖賢所認領的那種無我精神，或忘我精神。

「吃」讓個體生存化為了現實，我們才得以在某些妙人所謂的「時間長河中」，做一次轉瞬即逝、方生方死的短促旅行；形象不雅、令人難以啟齒的交配，則讓我們的種族得以延續，但「色情」（Eros）不能計算在內。按趙毅衡先生之見，在中國文化傳統中，「色情的主導意識，是反生殖的。」[7]當然，色情也需要仰賴相貌不佳、不成體統和難以啟齒的姿勢，還需要蒙特古所謂人類「最及物」（transitive）的動作／行為前來幫襯、打點和聲援，但它僅僅是純粹的肉體享樂，是惹人心旌動盪的銷魂，是腎上腺激素的狂歡節，跟時間性的種族繁衍沒有關係。懷孕和私生子只是意外現象，不能看作「色情」居然有意在為人類的繁衍做貢獻。那些銷魂、虛脫之後的男男女女，那些偷偷摸摸的通

---

[7]　趙毅衡：《意不盡言——文學的形式－文化論》，前揭，第122頁。

姦犯，一定會為「意外現象」痛苦不堪，至少會給他們帶來若干麻煩——打胎只是麻煩之一，要是私生子不知趣、不識相地來到人間，問題就更加嚴重。吃和交配跟時間、不朽與永恆密切相關。它們才是人身上抵抗時間的生理現象，才是時間的起義者和造反者，雖然它們不過是時間的戰利品和一小把齏粉：時間總是傾向於將一切受造物，化為看得見或看不見的青煙。而夢是上天的恩賜，它慷慨大度地給我們提供了免費的娛樂、雙倍的人生，附帶著，還給了能讓我們或喜或悲的各式徵兆，就像劉基的篤定之言：「禍福之素定，吾於夢寐之先兆見之。」[8]不用搭理明人劉伯溫的牛皮烘烘，但面對這種成色和樣態的生理現象，我們除了感激和膜拜，還容得了絲毫的造次和褻瀆嗎？

即便如此，我們仍然不得不為人是一種很奇怪的陸生動物深感驚詫：通過嚴格的自我訓練，人類居然對自己最基本的生理功能、最重要的肉身事實、最難以抗拒的本能，都可以進行大幅度、大規模地塗改和修訂。羅蘭·斯特龍伯格替西方人總結過，只有「極端蔑視肉體」，才是許多光鮮的宗教得以成立、得以招攬信眾的邏輯起點，因為那些著名的宗教總是傾向於相信：「人的閃光點是人的靈魂，靈魂完全與肉體無關，但成為肉體的俘虜。靈魂必須設法擺脫這種禁錮。」因此，那些激情四射的宗教既願意，又擅長將人弄成「極端的禁欲主義者」[9]。說這種話的斯特龍伯格大概沒機會聽到某個神學院院長對此的辛辣評論：只有「那些沒有能力從精神上直接理解精神的人，才試圖通過折磨

---

[8] 明·劉基：《鬱離子·論物理》。

[9] 羅蘭·斯特龍伯格：《現代西方思想史》，前揭，第7頁。

肉體去理解精神」[10]。看起來，身體的修正主義，而不是放任自流、支撐酣暢睡眠的魏晉風度，才是人的根本屬性，才是我們的本質特徵，才是人區別於其他陸生動物的標誌性建築——在此，「松果腺假說」遭到了蔑視，得到了流放，收穫了它不願意待見的鄙夷。就像赫拉克利特說「旋轉主宰人的一切」，其他動物只知道走直線，該吃吃，該喝喝，該睡睡，該「交」「交」，不懂「旋轉」的精微含義和妙處；也宛如伏爾泰的幽默之言：要想成為人類最重要組成部分之法國人的一分子，必須至少在表面上信奉「漩渦說」。或許，伏爾泰的「漩渦」正等同於赫拉克利特的「旋轉」，意味著數不清的弧線和無窮無盡的曲徑通幽——但我們這些居住在法國之外的種族，是不是就可以不信奉「漩渦說」？實際上，為了「清潔的精神」（張承志語）能夠如期到來，具有獨裁、專制意味和傾向的中國式辟穀，有能力長時間剝奪腸胃的基本權利和最低訴求，還承諾這樣做，是為了腸胃本身的安寧，是為了靈魂的健康，是為了它的飄逸風姿不受傷害；念佛吃齋呢，則能成功地對自家「老二」實施五花大綁，讓它無法像公狗那樣四處掃蕩、發射液體導彈和亂說亂動，而夢蝶莊生極力稱頌的古之「真人」和「至人」，都是些只「睡」不「夢」的特殊人種——他們內心飽滿，禦風而行，直接和「天地之大美」相交通……

　　儘管莊子算得上典型的身體修正主義者，但他很有自知之明，也很謙虛，沒有把自己放進由「真人」和「至人」組成的行

---

[10]　參閱趙汀陽：《思維迷宮》，中國人民大學出版社，2010年，第58頁。

列之中。最起碼，他能吃能睡，擁有一個先他而去的婆娘，夢見過蝴蝶，還被由蝴蝶精心裝點和粉飾的夢境給搞懵了——看起來，「松果腺假說」並沒有因為此人是莊子，就有意「放」他「一馬」，也沒有對他法外施恩，搞任何特殊化。因此，莊子的謙遜姿態並非虛偽，也跟令人厭惡的、得了便宜又賣乖的矯情沒有任何關係。但對於古之「真人」和「至人」之所以確實是童叟無欺、如假包換的「真人」和「至人」，大智大慧的莊子很是善解人意，為我們道出了其中的原因：通過嚴格的自我訓練，他們「靜而與陰同德，動而與陽同波」；他們目不斜視，寂然枯坐，「不思慮、不預謀，」因此，有且只有他們，才能進入「其寢無夢」的「真人」狀態，進入「其覺無憂」的「至人」境界[11]。所謂「真人」和「至人」，就是生活在「松果腺假說」勢力範圍之外的「妙人」或高人。他們只有靈魂，沒有肉體；或者，靈魂最大限度地擺脫了肉體的控制和羈絆。在他們的靈魂和肉體之間，不存在常人應該擁有的「接觸區」；他們將本該重疊在一起的兩個外交使館，給無限度地拉開了距離。也就是說，他們的褲襠內空空蕩蕩，了無長物，風清月明，既不潮濕，也不乾燥，既談不上硬，也說不上軟。對於這種令人仰慕的、連閱盡人間的莊子都不配到達的高度，晉人郭子玄有過精闢的闡釋：「其寢無夢，無意想也。」[12]這種出神入化的風貌，惹得後人垂涎三尺，連武夫出身的桓溫，也願意附庸風雅，忍不住從「真人」的高度，從蔑視松果腺的角度，去讚揚風姿綽約的謝安：「企腳北窗下，彈琵

---

[11] 參閱《莊子·刻意》。
[12] 晉·郭象：《莊子·大宗師》注。

琶，故自有天際真人想。」[13]而唐人成玄英，一個被信眾普遍認為得道的高人，很可能極其精確地道出了夢蝶莊生的原意：「夢者，情意妄想也；而真人無情慮，絕思想，故雖寢寐，寂泊而不夢，以至覺悟，常適而無憂也。」[14]相較於這些極具仙風道骨氣的觀點，大衛・休謨（David Hume）向我們推介的西方的聖人無夢論，又算得上「哪把夜壺」[15]呢？它頂多是一種拙劣的道德主義維度上的老生常談。休謨說：「有些道德哲學家曾經勸我們在清晨時回憶我們的夢境，並且嚴格地考察這些夢境，如同我們考察我們最嚴肅、最審慎的行為一樣；他們認為這是認識自己的內心、明瞭自己在道德上的進步的一種優越的方法。」[16]這口吻和這語氣，僅僅是沐浴於道德之河，也僅僅滿足於在道德之河游泳，以便潔身自好，能夠早點被上帝和天堂相中。西方的「聖人無夢論」，不具備將自己提升到本體論高度的想法和能力，也無法進駐「無我」、「無妄」、「無識」的「真人」境界和「至人」狀態——「松果腺假說」打一開始，或許就是道德主義和道德主義者的鐵門檻，是他們（它們）的禁地和蠶室。

　　道家下墜為「仙道」後，「寢而無夢」的高邁境界，也就是對空空蕩蕩之褲管的熱切嚮往，成為修道之人刻意追求的目標；「寢而無夢」則被有意識地賦予了更多、更高、更精湛和更複雜的含義。馬鈺，人稱「丹陽子」的金代道士，從也許只有他自己才懂得的神祕維度，輕聲頌揚了常人難以企及的無夢境界：

13　南朝・宋・劉義慶：《世說新語・容止》。
14　《莊子・大宗師》成玄英「疏」。
15　蜀語，意思是不足道哉。
16　休謨：《人性論》上卷，關文運譯，商務印書館，1980年，第246頁。

「馬劣猿顛濁夢，虎繞龍蟠清夢，無作更無為，性住命停仙夢。
仙夢，仙夢，氣結神凝無夢。」[17]看來，即使是美滿、幽香、令
人舒適的「仙夢」，在清臞、瘦削的道士眼中，它的成色和等
次，也要善解風情地低於清靜、虛空的「無夢」。面對來自美妙
夢境的勾引，道人們採取了勇敢、堅定的態度；他們正襟危坐、
目不斜視的做法，恰合《淮南子》的熱情稱頌：「體道者，不哀
不樂、不喜不怒，其坐無憂、其寢無夢。」[18]而馬鈺，道教歷史
上的著名人物，還摩拳擦掌，準備「更上一層樓」；他發揚「送
佛送到西」的「活雷鋒精神」，慷慨仁慈地給出了通往「無夢」
之路的修煉方法：「坎離自交宮」、「遍地長黃芽」、「丹鼎紫
煙生」、「性命兩停停」、「時顯夜明珠」……[19]這些神祕的、
或許早已失傳的修煉方法，這些晦澀的隱喻，這些道教領袖人物
刻意炮製的、打啞謎般的精美黑話，時至今日，雖然我們完全沒
有必要弄清它的含義，但它在操作上和解釋學上的複雜性和晦澀
性，倒是完全可以想見的。和適性逍遙、獨與天地精神相往來的
莊子比起來，後起的道士們，那些志在壽比南山、天天捆著雞巴
過日子的養生術士，大大提高了身體修正主義的檔次，抬高了
「真人」和「至人」的門檻，也更加排斥「松果腺假說」，不允
許任何修道者，輕而易舉就能躋身其間。瞧瞧，那該是多麼高妙
的境界啊：「得道之人，凡有七候：一者心得定易，覺諸塵漏；
二者宿疾普銷，身心輕爽；三者填補夭損，還年複命；四者延壽

---

[17] 金・馬鈺：《無夢令》。
[18] 《淮南子・繆稱訓》。
[19] 以上句子均出自金・馬鈺的《如夢令》組詩。

萬歲，名曰仙人；五者煉形為氣，名曰真人；六者煉氣成神，
名曰神人；七者煉神合道，名曰至人。」[20]仰視和企慕「無夢」
狀態的夢蝶莊生，無力進入被越拔越高的「真人」和「至人」境
界；和他眾多更為激進的後學與後輩相比，他的夢實在太多了
——哪怕只有一個，也是多出來的那一個，是可以作為他不是
「真人」或「至人」之證據的那一個。

　　遵從莊子的教誨、提醒和敦促，更為激進的道教和道士有
足夠多的理由，視夢境為阻礙「獨與天地精神相往來」之境界的
洪水猛獸。因此，絞殺夢境，是修道之人必須從事的革命工作；
而身體的修正主義，則是他們必須認領的普世性教義，是道教的
「革命工作」的指導原則，也是設置和達致人生「仙」路的根本
大法。但在「有夢或無夢」那方面，志在濟世經邦、拯救天下的
儒家要誠實得多：它坦率地承認人人有夢，即使是型號最大的聖
人，也不可能例外——同莊子一樣，儒門聖人也將遭遇「松果腺
假說」，受到松果腺的打擾和半道伏擊，只不過我們的聖人個
個功夫高強，被伏擊和打擾的程度要低一些，受到的傷害自然
就要小一點。但何種樣態的人物才算得上聖人？才配稱聖人？
古代賢哲的說法很簡潔，也很質樸：「聞其末而達其本者，聖
也。」[21]馬王堆帛書《德行篇》說得更為具體：「聰者，聖之藏
於耳者也，猶孔子之聞輕者之鼓而得夏之慮也。」看起來，要想
成為聖人，首先得有一雙功能優異的耳朵；對此，有好事者給
出過撓癢癢一般的解釋：所謂聖人，就是「對本體的體悟，是對

20　宋・張君房編撰：《雲笈七籤》卷十七。
21　《韓詩外傳》卷五。

超越天道的冥契。這不是知識論涵養得了的」[22]。因為「聖人之思也輕」[23]，因為聖人嚮往輕舉、飛升、上揚、飄逸與超越的境界，與「松果腺假說」昭示的下沉感恰相反對，所以，「聖同天，不亦深乎！」[24]雖然所有的聖人都跟我們一樣，擁有一具無可奈何、很容易被磨損的肉身，但後世儒生就像M. 麥金（Marie McGinn）所說的，他們「費盡心思構造出來的，卻是一個讓我們無能為力的神話實體——脫離肉體的靈魂」[25]！當然啦！聖人對「心」的嚴格把握與掌控，遠遠超過了常人，就像馬王堆帛書「《五行》篇」讚頌的：在聖人那裡，「心曰唯，莫敢不唯；心曰諾，莫敢不諾；心曰進，莫敢不進；心曰後，莫敢不後；心曰深，莫敢不深；心曰淺，莫敢不淺。和則同，同則善。」有這等精美、篤定、急促和朗朗上口的言辭撐腰，程頤敢於站在理學的前沿地帶，膽豪氣壯地宣稱：「聖人無夢，氣清也；愚人多夢，氣昏也。」[26]——「輕」向上，「昏」向下，確實沒什麼好談論的。但他自作多情的言說，他虛弱不支的語調，很不幸，正好是茨威格（Stefan Zweig）諷刺過的那種「最危險的謊言」：「就像蛇最愛呆在岩石和石塊底下，最危險的謊言也愛盤踞在偉大莊嚴、看似勇敢的表白的陰影之下。」[27]——但願教導我們「正心」、「誠意」的程夫子，能夠勇敢、虛心地正視這一警告和諷

---

[22] 郭齊勇：《再論「五行」與「聖智」》，《中國哲學史》2001年第3期。
[23] 龐樸：《竹帛〈五行〉篇校注及研究》，臺灣萬卷樓圖書有限公司，2000年，第45頁。
[24] 宋・周敦頤：《通書・聖》。
[25] M. 麥金：《維特根斯坦與〈哲學研究〉》，李國山譯，廣西師範大學出版社，2007年，第187頁。
[26] 《二程集・粹言・聖賢篇》
[27] 茨威格：《自畫像》，袁克秀譯，西苑出版社，1998年，第193頁。

刺。而比程頤在時間上更接近原始儒家的孔穎達，在「有夢或無夢」的問題上早就一錘定音，附帶著，還給了程子一記響亮的耳光。但從孔穎達炮弄的聲響聽過去，倒更像是擊中了程頤蒼老、貧瘠和乾癟乏味的屁股：「聖人雖異人者神明，同人者五情。五情既同，焉得無夢？！」[28]語調很激昂，像是預先就料到早晚會有這樣的尤物存活於世。對此，明代遺民顧炎武，一個拒絕出仕滿清的漢人，從語音變化的角度，給出過精彩的辨識：「語音輕重之間，而世代之別從可知也。」[29]——誠如顧炎武暗示的，從語調上聽過去，孔穎達比程頤誠實得多。但那僅僅是「世代」更替和時間代謝的問題嗎？我們是不是在往越來越虛偽的道路上一路狂奔？是不是還在繼續狂奔呢？巴特勒（Butler）主教像提前出生的胡塞爾信徒，他說：「每一件東西都是它自身，而不是別的什麼東西。」[30]對此，孔穎達和程頤應該如何作答？在他們兩人當中，誰更需要巴特勒助拳？

程頤的晚輩兼崇敬者朱熹，「中國虛偽史」上不可多見的人物，完全贊同儒門聖人的超越特性：「聖人則表裡精粗無不昭徹，其形骸雖是人，其實只是一團天理。」[31]好一個「『一團』天理」！雖然帶有江湖草莽氣，卻生動、形象極了。令人意外的是，像孔穎達一樣，朱夫子也不同意程頤的主張，他更願意從「天理」的角度看待聖人之夢：「聖人何嘗無夢，但夢得定

---

[28]　《禮記‧檀弓下》孔穎達「疏」。

[29]　清‧顧炎武：《日知錄》卷六。

[30]　參閱克里普克（Saul Kripke）：《命名與必然性》，梅文譯，上海譯文出版社，2005年，第78頁。

[31]　《朱子語類》卷二九。

耳。」[32]在此，一個分量很重的「定」字，正好同「『一團』天理」相對仗：聖人也會做夢，也能做夢，但聖人之夢不關「風月」和人欲，只跟「天理」相交接、相往還，拒絕「松果腺假說」——「定」是「『一團』天理」的根本屬性；「『一團』天理」則是「定」的保障和守夜人。彷彿「松果腺假說」饋贈給中土聖人的，僅僅是靈魂方面的最大化和肉體方面的最小化。這或許是存在於「松果腺假說」內部的祕密、內部的微積分，一種稀奇古怪，卻又虎頭虎腦、神祕難擋的生理性數學，宛如宋人真德秀熱烈稱頌過的：「雖昔聖賢，不能無夢。惟其私欲消泯，天理昭融，兆朕所形，亦莫非實。」[33]究竟是何種神祕的力量，才造就了這種奇怪的數學？人和人的身體結構，以及隱藏他們靈魂的身體廟宇，當真有著本質上的差異嗎？對此，聖－瓊・佩斯有過恰到好處的驚呼：「啊！各行其是的各色人等：食昆蟲的人，也有食水產的人；果腹者，腰纏萬貫者！耕作者和貴宦少年，針刺醫生和鹹鹽販子；徵收過橋買路錢的，鐵匠；販食糖，販肉桂者，販白金屬杯盞和羊角燈者……以吊嗓子為樂者，鑒別玉石的行家，以教唆縱火為得計的人……」[34]真神奇，真好玩呀，雖然大傢伙都「魂晝寓目，魄夜舍肝；寓目能見，舍肝能夢」[35]，但聖人藏「魄」的「肝」、藏「魂」的「目」，還真跟大傢伙大相徑庭呢。這種異常奇妙的道德解剖學，早就從根子上，預先將大傢伙與聖人區分開來，餘下的，根本就不成其為問題。而我們是

---

[32] 《朱子語類》卷一六。

[33] 宋・真德秀：《真西山文集》卷三三

[34] 瓊－瓊・佩斯：《阿納巴斯》，《聖－瓊・佩斯詩選》，前揭，第70頁。

[35] 《關尹子・四符》。

不是只配做汙穢之夢，只得團結在「松果腺假說」的三角區周圍？是不是必須心甘情願地肩負起被派定的夢奸犯身分？

即便如此，我們卻決不能說：儒家竟然會是身體修正主義的反對者。和習慣於直來直去、不懂「旋轉」和「漩渦」的其他陸生動物不同，世間一切屬人的教義，都必定或暗中或公開地崇奉身體修正主義，差別只在於修行的目的和的線路——因為它是「普適性教義」嘛，所有人都得勉力遵從，否則，必將陷入塗爾幹（Emile Durkheim）所謂「動亂型」（anomic）[36]自殺的荒唐境地；即使有人放浪不羈、縱欲無度，故意打破一切清規戒律，也不過是為了表達對肉體的蔑視和鄙夷——還有什麼東西，比身體上故意性的破罐破摔，更能達到打擊身體自尊心的目的呢？因此，松果腺以及「松果腺假說」必定是身體修正主義極力排斥的對象：即使靈魂能委曲求全、樂不思蜀地寄居於下三路，也必須通過對普適性教義的絕對遵從，按照身體修正主義的嚴格要求，將它解放、打撈出來；為它做過潦潦草草或認認真真的人工呼吸後，再將它拔擢到超高的位置。儒家務實地承認人人有夢、聖人也不能免俗，是為了綁架夢境，榨取夢境的剩餘價值，以便為儒門所用。在乾癟、蒼白、質地堅硬的夢境和儒門聖人之間，總是傾向於某種深刻的互探關係：只有聖人，才能做這樣的夢；這樣的夢，只有聖人才配做、才能做。或者：夢兆的吉祥度，是夢和聖人共同參與、相互摻和鼓搗出的尤物——或許稱「玩物」更準確些。《周公解夢書》列舉過一大堆儒家聖人之夢，並對它們光

---

[36] 塗爾幹：《自殺論》，鍾旭輝譯，浙江人民出版社，1988年，第217頁。

鮮的吉祥度，毫無保留地大加讚賞、咂舌不止：「堯有見身上生毛，六十日得天子；舜夢見眉毛發白，六十日得天子；湯夢見飛上樓四望，六十日得天子；文王夢見日月照身，六十日而為（西伯），武王夢見登樹落，八十日有應……」總之，聖人炮製的最關鍵之夢，構成了他們必然成為聖人的證據。道教捕殺夢境，為的是成為無欲、無求的「至人」或「真人」，以便最後成為不死的仙人；儒門子弟強調聖人的吉夢，則是為了敦促天下「牲人」各安其位——瞧瞧，連夢境都在替聖人說話，低級「牲人」有何理由不贊同聖人的王位或帝位？儒家正面利用了夢境、榨乾了夢境的剩餘價值，道家和道教則從夢境的反面或陰影中，找到了能夠棲身的宅屋——而我們能不能從有夢、無夢的角度，去尋找「儒道」可以「互補」的證據，以便應和當代儒生對儒道關係的奇妙看法？很顯然，這是夢境給出的遺留性假設，具有隔靴搔癢和隔山打牛的全部可能性。

龐德看待歷史的獨門見解，極有可能是正確的：「我們不是從日曆去認識過去。最好把那種過去留在桌子上，標上日期。我們所認識的過去，是通過我們自己和我們的時代湧現出來的漣漪和漩渦而認識的。」[37]一部熱愛曲線和「漩渦」的人類史，誠如龐德所言，得從「漩渦」本身的角度去觀察、去理解。儒家的聖人之夢，頂多是人類製造的無數「漩渦」當中廣有影響的一個，它肯定不願意待見美國詩人史蒂文斯極有自知之明的精闢觀點：「不完美才是我們的天堂」——只因為「不完美」才是松果腺和

---

[37] 參閱陶乃侃：《龐德與中國文化》，首都師範大學出版社，2006年，第7頁。

「松果腺假說」的內在語義。有太多的跡象表明：儒門的聖人之夢不僅追求「漩渦」、尋覓曲線，還要追求完滿、圓融和純正的金石之聲，但同時又具有濃厚的捏造性質，具有強烈的欺騙性和恍惚性──誰知道那些心寬體胖、魁梧高大的聖人，是否做過處女饅頭般光鮮無比的吉夢？這種埋藏於毬不囉嗦之人內心深處的渺小疑問，就像盧梭揭露他的法國同胞蒙田的虛偽時說過的那樣：「蒙田把自己描繪得很像自己，但僅僅是個側面。誰知道他臉上的刀傷，或者他向我們擋起來那一邊的那只受傷的眼睛，會不會完全改變了他的容貌？」[38]但這種性質的懷疑，這等不懷好意的口吻，歸根到底是不正確的，因為中國的聖人之夢，跟儒家天下大同的烏托邦主義緊密相連。沒有必要懷疑，聖人之夢跟天下大同不僅具有同構關係，根本上就是二而一的東西，容不得理解和闡釋學上的半點閃失。

　　弗朗索瓦・里卡爾（Francois Ricard）在談論米蘭・昆德拉時，指出過一個有趣的現象：「幾乎在昆德拉每部小說裡都出現過的一個母題是狗，好像這個不會說話、來自一個對人類的情感和命運漠不關心的世界的生靈，每次都為人們帶來了某種他們無法理解的資訊。」[39]與此極為相似，我們每一部令人炫目的儒門典籍，都要出現的一個「母題」：聖人之夢。但作為西方母題的「狗」和作為東方母題的「聖人之夢」，真的等價或者對稱嗎？這樣發問，當然是個值得唾棄的笑話。「狗」是米蘭・昆德拉為

<hr />

[38] 盧梭：《懺悔錄》，範希衡譯，人民文學出版社，1980年，第835頁。
[39] 弗朗索瓦・里卡爾：《阿涅絲的最後一個下午》，袁筱一譯，上海譯文出版社，2005年，第69頁。

捷克的極權政治有意製造的形象性反諷；聖人之夢則是中國占夢術夥同儒家門徒，為天下大同製造的先兆。它是關於幸福的想像，是對和諧生活的期待，只因為在小人社會和陽的世界，中國「牲人」過早地、長時間地處於水深火熱之中。「狗」和聖人之夢都是虛構，都是捏造，都是杜撰，但都有顯而易見的合理性：極權政治視狗為社會穩定的破壞者和威脅者，要殺之而後快，因此，它必須出現在昆德拉的小說中，充當極權者的笑話，充當對極權的嘲諷物；天下大同需要濃墨重彩的聖人親自出場，聖人則必須有先兆充任光環。如果沒有光環，或者光環乏善可陳，也得像伏爾泰說「沒有上帝，必須製造一個上帝」那樣，為聖人製造一個充滿霧氣的光環——本來不應該「怪、力、亂、神」的儒門子弟，隔著時空，和「湖邊的老土匪」伏爾泰想到了一塊兒。中國古人對待「光環」的態度，跟基督徒對待「花環」的態度截然相反：「光環」高貴，但它屬於凡間聖人；「花環」低級，但它只為上帝和天堂所擁有。

儒生和占夢術結成的聯盟，終於得到了豐厚的回報：黃帝、堯、舜、禹、文武、周公都有「吉夢」作為披風，都有「光環」在頭頂盤旋，為他們開創的太平盛世做了裝點和粉飾；而作為先兆，吉祥之夢既預示、也驗證了列位聖人開創的太平盛世——這是做夢、夢境和儒門聖人之間，擁有互探關係的完美體現。因此，不是「狗」和「聖人之夢」相對稱，而是「天下大同」跟「聖人之夢」相等價。只想把自己弄成「至人」或「真人」，卻棄天下萬民於不顧的道教，頂多類似於俄羅斯史學家謝苗諾夫

（Semionov）所謂的「動物個人主義」[40]；同道家和道教相比，儒門的聖人之夢要心胸寬廣得多。它以天下為己任，從一開始，就認領了「先天下之憂而憂，後天下之樂而樂」的大家風範和古道熱腸。即使是黃帝的「風後、力牧之夢」，也不是為他個人的榮辱，而是要為天下「牲人」尋找良將和賢相，守護天下「牲人」的安康與幸福。對此，我們的人文始祖心中有數，何況他對夢兆還獨有心得，以一己之力，在文字還沒成型的時代，居然就能獨「著《占夢經》十一卷」[41]。即使是有「疑似」小人之嫌的周文王夢見「日月著其身」[42]，按照被杜撰的史書，也是為了蕩平邪惡的商紂，解天下「牲人」於倒懸，為「萬世開太平」[43]。按照被嚴重篡改之後的歷史記錄，大聖人周文王夥同他的兒子——另一個型號更大的聖人——周武王，好像真的將「吉夢」給出的「先兆」化為了現實，從此，西周「牲人」生活在幸福、安康之中。要不，我們的孔子怎麼會反復嘮叨著「吾從周」呢⋯⋯

身體修正主義呼應了人在動作／行為上的「旋轉」特性和「漩渦」品質。人之為人的根本，就在於它熱愛弧線、酷愛迂回，不像其他陸生動物，願意響應「知行合一」的號召。很容易分辨：「知行合一」就是直來直去，直來直去是動物的本能反應。所以，從古至今，人類不可能得到任何像樣的改變。一邊是

---

[40] 謝苗諾夫：《婚姻和家庭的起源》，蔡俊生譯，中國社會科學出版社，1983年，第158頁。
[41] 參閱《史記‧五帝本紀》正義引皇甫謐《帝王紀》。
[42] 唐‧皇甫謐：《帝王世紀第五》。
[43] 《張載集‧〈近思錄〉拾遺》。

虛偽、高邁的身體修正主義，一邊是鋪天蓋地、綿延不絕的器官大起義。器官大起義意味著直線，意味著屈從於「松果腺假說」，意味著靈魂總是傾向於寄居在下三路，意味著……該怎麼說呢？意味著要像爬行動物一樣該吃吃，像禽獸一樣該搞搞。正是這個顯而易見、無從更改的現實，為身體修正主義的出現，為限制無節制的吃、交配和夢，提供了堅不可摧的理由；儒門後進之所以冒險杜撰、捏造和編織聖人之夢，就是為了大同世界從「尿道阻塞的叢林中」破土而出，而大同世界必須徵用身體修正主義為掩體。作為偉大的政治理想，天下大同在小人社會和陽的世界上的意義昭然若揭，就像誰說的，溫暖才是幸福的原始狀態──天下大同就是要給過於寒冷的小人社會添柴加溫。大同世界必須限制「動物個人主義」，限制器官大起義──這既是文明的起源，也是文明對於「人這畜生」的無奈。在這個意義上，天下大同和聖人之夢具有深刻的同構關係；中國歷史上為數不多的儒門聖人，他們的夢，不僅預示了他們命中註定的帝王地位，還預先裝點了他們開創的大同世界。這種高邁、遠大的境界，宛若加里・斯奈德（Gary Snyder）描繪過的只有山中才會出現的幸福生活：「山裡沒有日曆，只有變化莫測的光和雲，那是混沌中的完美，交錯中的輝煌。」[44]

龐德誇張地說，詞語跟事物或思想的嚴重偏離，才是社會腐敗和道德淪喪的最大根源。他說的對嗎？反正我們的孔聖人，就是以「必也正名乎」為邏輯端點，開始了他的思想和行動之旅。

---

[44] Gary Snyder: *The Gary Snyder Reader*, Washington, D. C: Counter Point, 1999, p17.

毫無疑問，一生處於失敗狀態的孔子，是中國儒門歷史上最後一位大聖人，在他之後，頂多一個「亞聖」墊底、斷後，而且地位很不穩固，時常處於風雨飄搖、漏風漏雨的尷尬狀態[45]。余英時在分析朱熹的哲學思想時，給出了一個很有說服力的解釋：「朱熹有意將『道統』和『道學』劃分為兩個歷史階段：自『上古聖神』至周公是『道統』時代，其最顯著的特徵為內聖與外王合而為一……周公以後，內聖與外王已分裂為二，歷史進入另一階段，這便是孔子開創『道學』的時代。」[46]自周公和孔子以後，所有的帝王，都免不了攜帶流氓或盜賊的基因；實施的，都是強人政治。在這樣的大亂局中，孟子白撿一個「亞聖」的尊號，已經算他狗運當頭，占了大便宜。《周公解夢書》在羅列了內聖外王時代的聖人之夢後，緊接著，給出了強人時代（即道學時代）的皇帝之夢：「漢高祖夢見赤龍左臂佳雲、赤蛇繞霄，百日得天子；光武夢見乘龍上天、日月使人，五年得天子。孝武帝夢見乘龍上天、身披羽衣，百八十日得天子……」依朱熹或「周公解夢」之見，這都不是聖人之夢，僅僅是強盜、草寇和流民的夢中意淫，只不過他們碰巧將夢兆化為了現實，登上了帝王寶座。和黃帝、堯、舜、禹、文武、周公相比，孔子充其量是個備受後人

[45] 孟軻的地位幾起幾落，到了朱洪武時代，地位降到了冰點。在朱洪武看來，孟子假傳了來自於孔子的聖訓，強調於王權不利的「民為重」、「君為輕」。全祖望《鮚埼亭集》卷三十五說：「上讀《孟子》，怪其對君不遜，怒曰：『使此老在今日寧得免耶！』時將丁祭，遂命罷配享。明日，司天奏：『文星暗』。上曰：『殆孟子故耶？』命復之。」但也有很多儒生為朱元璋的做法叫好，他們認為，洪武皇帝的深謀遠慮豈是一般「淺儒」所能知曉（參閱錢曾：《讀書敏求記》卷一「孟子節文七卷」條；虞稷：《千頃堂書目》卷三《孟子類》「《孟子節文》二卷」條）。
[46] 余英時：《朱熹的歷史世界》，三聯書店，2004年，第15頁

推崇的記憶性聖人：他從未親眼見證過、目擊過天下大同，更未開創過天下大同，但他清楚地記得或願意執拗地相信：曾經出現過天下大同；他花費十四年光陰周遊列國，就是希望通過遊說，能夠再次出現天下大同。雖然他母親在生他前，也曾做過其他聖人的母親做過的吉祥之夢，也曾與上天相「通」，但他的平生遭際，卻極為不幸——可憐的孔子，他只能在夢中見到在時間上離他最近的周公，只能在夢中會見周公開創的天下大同，以及跟天下大同配套的禮樂制度。其他更偉大的聖人，更魁梧、更風度翩翩的太平盛世，即使在虛幻的夢境當中、在「內視」的勢力範圍內，他也無緣拜見……

對此，張載有一個「疑似」美滿的解釋：「從心莫如夢，夢見周公，志也。」[47]但那該是多麼令人心酸的「志」呀！它註定是遙不可及的烏托邦，頂多存在於想像和追憶之中。伴狂的莊子，中國歷史上最偉大的頹廢主義者，為此放聲高歌：「鳳兮鳳兮，何如德之衰也！來世不可待，往世不可追也！天下有道，聖人成焉！天下無道，聖人生焉！」[48]這是對記憶性聖人的諷刺還是讚揚？只有莊子自己知道，我們不好替他瞎猜。隨著器官大起義橫行不法、身體修正主義斯文掃地、「旋轉」特性和「漩渦」品質被破壞殆盡，以及「松果腺假說」倍受推崇，孔子的命運也越來越糟糕。最後，連一向待他不薄的周公，也撤出了他的夢境，消失得無影無蹤，不願意再待見他。這種淒慘的處境，讓孔子發出了令後人無限感慨的哀歎：「甚矣吾衰也！久矣，吾不復

---

[47] 宋・張載：《正蒙・三十篇》。
[48] 《莊子・人間世》。

夢見周公！」[49]布魯克斯針對某首英國情詩發出的感歎，或許碰
巧可以當作孔子的哀歎的對稱物：「情人不再被尊為女神——
即使出於禮節也不會受到如此恭維。她就是生命過程的聚集，
她身體的每一個毛孔都是必死性的證據。」[50]對孔子關於「周公
與夢」的哀歎，朱熹隔著時空，表示過同情和慰問：「不是孔
子衰，是時衰也。」[51]但這種自作多情，卻又善解人意的語言撫
摸，到底有什麼用處？它能夠安撫記憶性聖人倍受摧殘的心靈和
理想嗎？和朱熹相比，張載顯得更不著調：「不夢，欲不逾矩
也，不願乎外也，順之至也，老而安死也。」[52]原來，不夢並不
是莊子稱道的「至人」境界和「真人」狀態，而是安樂死——
亦即「安」然就「死」。但我們的至聖先師會像張載稱頌的那樣
「老而安死」嗎？

　　老子曾規勸過記憶性聖人，沒必要熱心入世，更沒必要對
陽的世界給予希望：「君子得其時則駕，不得其時則蓬累而行。
吾聞之，良賈深藏若虛，君子盛德，容貌若愚。去子之驕氣與
多欲，態色與淫志，是皆無益於子之身。吾所以告子，若是而
已。」[53]雖然孔子曾以「其猶龍邪！」[54]的熱烈語調，讚揚過自
稱「游心於物之初」[55]的老聃，但面對小人社會，兩個偉大的人
物註定不會在意見上達成一致。事實上，孔子從未進入莊周稱頌

[49]　《論語‧述而》。
[50]　布魯克斯：《精緻之甕》，前揭，第79頁。
[51]　《朱子語類》卷三四。
[52]　宋‧張載：《正蒙‧三十篇》。
[53]　《史記‧老子韓非列傳》。
[54]　《史記‧老子韓非列傳》。
[55]　《莊子‧田子方》。

的「至人」境界和「真人」狀態。或許，在他心目中，這種境界和狀態不值得進入，因為那是自私和冷心腸的表現。最終，孔子懷著憤慨和絕望的心情，離開了小人社會和陽的世界——這個寒冷至極的空間，不由分說地解除了他做夢的權力，逼著他，朝無夢的境界快速發展。但他會走上馬鈺指明的修行線路嗎？對此，我們的孔子，比所有讚揚他的人和正在讚揚他的當代國學家，都心知肚明。

司馬遷以複雜的心情，記載了孔子死前的哀歎：「孔子病，子貢請見。孔子方負杖逍遙於門，曰：『賜，汝來何其晚也？』孔子因歎，歌曰：『太山壞乎！樑柱摧乎！哲人其萎乎！』因以涕下。」[56]看起來，孔子就像威廉・巴雷特（William Barrett）所說，只是個「半人半馬的怪物，一種在自然和神學層次之間分割開的生物」[57]。關於他充塞心府的悲哀，關於他的死亡和失敗，孔子還明確地對子貢陳述過：「夫明王不興，而天下其孰能宗予？予殆將死也。」[58]面對這種以死灰色打底的表情和口吻，張載又該怎麼說？他也顯得太自作多情了吧？這些儒門子弟，這些典型的「一根筋人士」[59]，面對白紙黑字胡說八道、拒不認賬，到底是怎回事？但歸根結底，這個世界還算對得起孔子，因為它給了記憶性聖人能夠做最後一夢的機會——它慷慨大度地讓孔子夢見了自己的死期，夢見了自己的血緣，也讓記憶性聖人有

---

[56] 《史記・孔子世家》。
[57] 威廉・巴雷特：《非理性的人——存在主義哲學研究》，段德智譯，上海譯文出版社，1992年，第103頁。
[58] 《禮記・檀弓上》。
[59] 韓少功語，參見敬文東：《隨「貝格爾號」出遊》，河南大學出版社，2010年，第2頁。

機會對子貢說出夢境的全部內容：「夏人殯於東階，周人於西階，殷人兩柱間。昨暮予夢坐奠兩柱之間，予始殷人也。」[60]七天後，孔子在滿腔惆悵中死去。他不可能聽見後人對他的稱頌，也很可能未曾想到過這種多餘的稱頌。

這是中國歷史上最後的聖人之夢。它位於中國夢境的最北部。它就是北極，隱喻意義上的北極：寒冷、絕望、白皚皚大地一片真乾淨，既哈氣成冰又寸草不生。從此以後，所有的中國夢境，最多只能促成夢奸犯的不斷誕生。從此，「人生如夢」的嬉皮士觀念，成為中國人永久性的共識，實在是了無新意：「寒更漏永睡綢繆，魂夢將心處處遊。或見歡娛花樹下，或逢寂寞遠江頭。或歸鄉并心中喜，或夢他鄉客思憂。恰被曉鐘驚覺後，夢中行處一時休⋯⋯」[61]很顯然，最後的聖人之夢是一個不祥之夢：它不僅預先終結了聖人的性命，也讓天下大同永遠處於死亡狀態，「松果腺假說」則從「假說」的幕後，大搖大擺走到了前臺。從此，中國歷史正式進入漫長、寒冷和黑暗的松果腺時期，並且還是遭到嚴重破壞的松果腺——陽具在猛長，弧線被拉直，動物性的知行合一得到了熱切地推崇，直到迎來一八四零年更為猛烈的炮火，直到硝煙散盡、塵埃落定，「牲人」的後代相繼走入新時代和新世紀⋯⋯

60　《史記・孔子世家》。
61　王重民等編：《敦煌變文集・妙法蓮花經講經文》。

後　記

　　從十八歲到現在的二十多年間，和其他門類的寫作相比，雖然也寫過字數不算太少的隨筆作品，但那只是在讀書、求學、教學的間隙，或在寫作所謂「學術文章」需要喘氣時，像個資深票友一樣偶爾為之；仰仗的，僅僅是老農民對待自留地的那股子熱情和執著，從沒拿出整整半年光陰用於隨筆寫作。在接近完成這部小書的時候，才意識到這個暗暗滋生出來的問題，才讓我大吃一驚。我下意識地問自己：當初決定花費如此大塊的時間，到底是怎麼想的？現在，本書已經正式殺青，我只能粗略地估計：也許是一如既往地想改變自己的語言風格吧；要不，就是因為我是個每天晚上都要做夢的人，想對不請自到的夢境發表一點點小感慨？眼下，我已經無力回答自己給自己提出的問題，姑且存疑吧。有祕密才有美麗，但這到底是誰說的話呢？雖然，作為一個按照四捨五入原則相貌僅僅及格的人，我跟「美麗」這等「美事」不可能有任何關係，甚至八竿子打不著，但那個被我忘記名字的人說出的那句很「美」的話，實在太契合我此刻窘迫的心境。

　　我非常喜歡隨筆這種文體，但我不願意稱它為「散文」。稱「散文」，實在太輕薄──至少從音調和過於隨意命名的角度看，把「隨筆」叫「散文」，就是無聊之極的事情。隨筆輕鬆、

自然、活潑，尤其是表達上的幾乎無所不能，可以最大限度地也很容易地幫助我，把矯揉造作的東西全部排除在外；將自我本性盡可能多地歸還給自己——我闖蕩江湖這麼多年，真的還有「自我」和「本性」存於世上的某個角落，等待我去收回？但希望自己還有「自我」和「本性」存在，總該不會有問題吧？

通過對這本隨筆小冊子的寫作，我還想做一個小小的實驗：看看能否將學術、思想、文筆、靈感、想像力、修辭術和各種各樣的奇思妙想，糅合在一起；看看隨筆，我喜歡的文體，究竟能夠達到怎樣的密度——它能滿足我對堅強的渴望和幻想嗎？多少年來，我喜歡厚描法，喜歡古波斯的細密畫派，喜歡中國濃墨重彩、一筆筆細細描摹出來的工筆劃。我討厭清湯寡水、淡而無味的東西。無論是文字、人情交往、麵條，還是十元紙幣和五十元紙幣之間的微妙關係，我都不輕易允許它過於寡淡、淺顯和直白——儘管在生活中，我是個堅決信奉「極簡主義」的人。或許，是對密度和厚度的迷戀，最終誘惑我寫下了這部小冊子？我不知道自己是否達到了目的（我猜，跟以往對自己的期許一樣，這回同樣未曾達到目的），但在寫作過程中獲得的快意，確實令我十分懷念——此時此刻，它仍然歷歷在目。既然如此，額外還有什麼值得苛求和渴求的東西嗎？

我是個每天都做夢的人，夢境的內容匪夷所思，就像我在本書中描繪過的那樣，超過了我在白天的所有想像。依我看，人最富有想像力的時刻，只能是在夢中。否則，面對眾多相互衝撞和桀驁不馴的化學元素，一籌莫展的門捷耶夫也不可能輕易發明元素週期表。而按中醫的觀點，做夢是身體虛弱、陰陽不調、剛柔

不濟的表現，但我卻明知故犯，將它當作雙倍的人生，當作純粹的享樂：在「夢」中，也能展開白天「夢」想不到的生活——這該是何等奇妙的事情！中醫幹嗎非要跟我過不去不可呢。雖然我關心夢，但對夢的解析（它號稱科學）與占夢術（它被稱之為迷信），卻始終將信將疑、時信時疑、半信半疑。在2010年這個災難迭起的年份，我苟且偷生於北京魏公村和梅所屯村，暗自寫下了這些很可能是言不及義的東西，卻不僅僅是對厚描法、細密畫派或中國工筆劃的仰慕，實在有對命運無常的擔憂、惆悵和感傷的因素在內。也許這些因素，就隱隱約約回蕩在這個隨筆小冊子之中。

本書之所以題獻給鍾鳴和韓少功，是因為這兩位前輩作家——他們不過大我十五、六歲——給過我太多的啟發和教益；從我第一次讀他們的作品算起，二十多年一閃而過。我至今還記得當年讀《爸爸爸》和《畜界，人界》時的興奮感。從他們的著述中，我得到過太多的東西；而很多我曾經喜歡過的中國當代作家、學者和思想者，早已被我拋到了九霄雲外。是那些人本來就十分差勁，還是二十餘年過去了，我竟然奇蹟般地稍有寸進？鍾、韓二公至今仍然被我崇敬，不是他們的榮耀，是我的幸運——我也認為自己足夠幸運，因為他們跟我生活在同一個時代，讓我有了自豪的機會、資格和底氣。他們是我心目中的偉大作家，是文學和思想上的雙重英雄——希望「英雄」一詞，在一個決非英雄的時代，聽上去還不太刺耳，也和矯情不沾邊。人都有感恩之心。第一次將自己不成器的著作題獻給別人，僅僅是為了表達感激之情，不存在任何深意，也不可能有任何深意。敬請讀

者諸君明察，也敬請心理不健康、好做誅心之論和好偷窺的狗仔隊員們明察。

　　是為記。

　　　　　　　　　　　　　2010年12月21日，北京魏公村。

釀文學177　PG1246

 夢境以北
　　——失敗主義者手記

作　　者	敬文東
責任編輯	林千惠
圖文排版	楊家齊
封面設計	蔡瑋筠

出版策劃	釀出版
製作發行	秀威資訊科技股份有限公司
	114 台北市內湖區瑞光路76巷65號1樓
	電話：+886-2-2796-3638　傳真：+886-2-2796-1377
	服務信箱：service@showwe.com.tw
	http://www.showwe.com.tw
郵政劃撥	19563868　戶名：秀威資訊科技股份有限公司
展售門市	國家書店【松江門市】
	104 台北市中山區松江路209號1樓
	電話：+886-2-2518-0207　傳真：+886-2-2518-0778
網路訂購	秀威網路書店：http://www.bodbooks.com.tw
	國家網路書店：http://www.govbooks.com.tw
法律顧問	毛國樑　律師
總 經 銷	聯合發行股份有限公司
	231新北市新店區寶橋路235巷6弄6號4F
	電話：+886-2-2917-8022　傳真：+886-2-2915-6275

出版日期	2015年2月　BOD一版
定　　價	250元

國家圖書館出版品預行編目

夢境以北：失敗主義者手記 / 敬文東著. -- 一版. -- 臺北
市：釀出版, 2015.02
　面；　公分
BOD版
ISBN 978-986-5696-66-5 (平裝)

1. 夢　2. 解夢

175.1　　　　　　　　　　　103025586

讀者回函卡

感謝您購買本書，為提升服務品質，請填妥以下資料，將讀者回函卡直接寄回或傳真本公司，收到您的寶貴意見後，我們會收藏記錄及檢討，謝謝！
如您需要了解本公司最新出版書目、購書優惠或企劃活動，歡迎您上網查詢或下載相關資料：http:// www.showwe.com.tw

您購買的書名：＿＿＿＿＿＿＿＿＿＿＿＿＿＿＿＿＿＿＿＿＿＿＿＿

出生日期：＿＿＿＿＿年＿＿＿＿＿月＿＿＿＿＿日

學歷：□高中 (含) 以下　　□大專　　□研究所 (含) 以上

職業：□製造業　□金融業　□資訊業　□軍警　□傳播業　□自由業
　　　□服務業　□公務員　□教職　　□學生　□家管　□其它＿＿＿

購書地點：□網路書店　□實體書店　□書展　□郵購　□贈閱　□其他

您從何得知本書的消息？

　　□網路書店　□實體書店　□網路搜尋　□電子報　□書訊　□雜誌
　　□傳播媒體　□親友推薦　□網站推薦　□部落格　□其他＿＿＿＿＿

您對本書的評價：(請填代號　1.非常滿意　2.滿意　3.尚可　4.再改進)

　　封面設計＿＿　版面編排＿＿　內容＿＿　文／譯筆＿＿　價格＿＿

讀完書後您覺得：

　　□很有收穫　□有收穫　□收穫不多　□沒收穫

對我們的建議：＿＿＿＿＿＿＿＿＿＿＿＿＿＿＿＿＿＿＿＿＿＿＿

＿＿＿＿＿＿＿＿＿＿＿＿＿＿＿＿＿＿＿＿＿＿＿＿＿＿＿＿＿＿＿

＿＿＿＿＿＿＿＿＿＿＿＿＿＿＿＿＿＿＿＿＿＿＿＿＿＿＿＿＿＿＿

＿＿＿＿＿＿＿＿＿＿＿＿＿＿＿＿＿＿＿＿＿＿＿＿＿＿＿＿＿＿＿

11466
台北市內湖區瑞光路 76 巷 65 號 1 樓

秀威資訊科技股份有限公司 收

BOD 數位出版事業部

⋯⋯⋯⋯⋯⋯⋯⋯⋯⋯⋯⋯⋯⋯⋯⋯⋯⋯⋯⋯⋯⋯⋯⋯

（請沿線對折寄回，謝謝！）

姓　　名：_____　年齡：_____　性別：□女　□男

郵遞區號：□□□□□

地　　址：_____

聯絡電話：(日) _____　(夜) _____

E-mail：_____